Vendée

100 lieux pour les curieux

L'AUTEURE

Adeline Paulian-Pavageau a une formation de professeur d'histoire-géographie. Elle est l'auteur de plusieurs romans historiques et de guides touristiques. Originaire de Vendée, elle reste particulièrement attachée à ce territoire.

Direction éditoriale : Hélène Tellier
Conseil éditorial : Joseph Vebret
Suivi éditorial : Anne-Sophie de Tarragon
PAO : Marianne Desthuilliers, Vivien Therme
Cartographie : Mélanie Delodde
Photogravure : Bertrand Desboudard

2 rue du Colombier – ZA Les Vignettes, 63400 Chamalières – France.
www.editions-bonneton.com

Certifié PEFC
Ce produit est issu de forêts gérées durablement et de sources contrôlées.
PEFC 10-31-3162 pefc-france.org

ISBN : 978-2-86253-906-5
Dépôt légal : avril 2021
Achevé d'imprimer : mars 2021
Imprimé en France à Cébazat (Puy-de-Dôme)
par Decombat

IMPRIM'VERT®

Vendée
100 lieux pour les curieux

Adeline Paulian-Pavageau

Christine Bonneton

Remerciements

Je tiens à remercier ceux qui m'ont apporté leur aide pour la réalisation de cet ouvrage, par leurs conseils, leurs adresses, leurs photos, leur autorisation de publier une photo de leur œuvre ou leurs renseignements : Mmes et MM Danièle Arnaud-Aubin, Caroline Baudouin, Jacqueline Berland, Alexandra Bodet, Jérémy Caquineau, Jacques et Monique Chaplain, Nathalie Chevré, William Christie, Sabine Closier, Véronique Defremont, Diane Fradin, Julien Frimaudeau, François Gaboriau, François Gaborit, Jean-François Gimenez, Mathieu Gobin, Sylvie Guérineau, Jean-Claude Guillard, B. Henri, Isabelle Herbert-Boisaubert, Isabelle Humeau, Didier Jamoneau, Pauline Jauffrit, Arnaud Kasper, Sébastien Krampe, Frédette Lampre, Annick Le Roux, Ronny Louineau, Juliette Moret, Claire Nédellec, Frédéric Nobili, Roland Oziel, Jean-Louis Pavageau, Loïc Pavageau qui a réalisé une grande partie des photos, Marie Pavageau, Ivan et Elodie Perrot, Gildas Raineau, Christine Rossi, Natacha Semenoff, Raphaël Toussaint, les mairies de Cugand, Fontenay-le-Comte, Les Herbiers, Mervent, Mouchamps, Pouzauges, les offices du tourisme de Niort Marais Poitevin, Pays de Fontenay-Vendée, Destination Les Sables d'Olonne.

Merci également à mon éditrice, Anne-Sophie de Tarragon, pour sa confiance.

Note de l'éditeur :

L'éditeur et l'auteur ne sont associés à aucun produit, commerce ou fournisseur mentionné dans ce livre. Seuls le cœur et la curiosité de l'auteur ont guidé le choix des lieux cités.

Vendée :
carte des sites insolites

Téléski

Atlantic Wakepark, 3 allée du Banc-Cantin, 85460 L'Aiguillon-sur-Mer
www.atlanticwakepark.com, 06 76 27 55 04
Ouvert de mai à octobre
1 h : 20 € adulte, 18 € enfant

Un téléski géant

Le parc de loisirs Atlantic Wake Park se compose de deux bassins d'eau de mer. Dans l'un des bassins, on trouve les structures gonflables du Splash Game, des paddles, des pédalos, la plage et les installations du Warrior Game. Ce dernier est un parcours d'aventure au-dessus de l'eau, composé de lianes, de barres suspendues, de toiles d'araignées, de rondins… Plusieurs niveaux de difficulté sont proposés avec des parcours de couleur. Le Warrior Game est novateur, unique en France. Depuis 2019, l'Atlantic Wake Park propose une autre nouveauté : le Big Sup XXL, une planche de paddle géante qui accueille jusqu'à dix personnes.

Ci-dessous : Figure au téléski.

Dans le second bassin est installé l'un des plus grands téléskis nautiques de France. Il mesure 750 mètres et permet de réaliser des figures spectaculaires. Le téléski d'initiation ou bipoulies, moins impressionnant, est adapté à la découverte des activités de glisse, avec des cours et des stages.

Le téléski offre plusieurs activités, adaptées à tous les âges et toutes les envies. Il permet de pratiquer le ski nautique, le wakeboard (un mélange de snow-board et de surf), le kneeboard (la glisse à genoux) ou le wakeskate (les pieds ne sont pas attachés à la planche). Les sensations sont fortes et les figures très variées.

Dans tous les cas, le sportif est tracté par un câble, dont la vitesse est adaptée à l'activité et à la personne. Les enfants peuvent tester les activités à partir de 7 ans avec le téléski d'initiation, et le baby ski est proposé dès 2 ans et demi. Les personnes à mobilité réduite ont aussi accès au téléski. ■

Warrior game.

Jeune au téléski.

La tour de Moricq
Rue de la Barboire, 85750 Angles
Ouvert en juillet-août
Gratuit

Sentinelle inutile

Un beau donjon carré, bien restauré, se dresse au milieu d'un pré. Son aspect défensif est évident avec ses épaisses murailles percées de peu d'ouvertures, ses échauguettes et ses mâchicoulis. Mais que défend-elle dans ce paysage bucolique ?

La tour de Moricq date du XVe siècle. C'est un fort qui gardait l'embouchure du Lay. Elle se trouvait alors en bord de mer. Un château fort fut édifié à cet endroit, au moins depuis le XIe siècle, pour empêcher les Vikings de remonter la rivière et piller les terres.

Ses mâchicoulis servaient à bombarder les attaquants de pierres en restant à l'abri. Des échauguettes permettaient de tirer sur les assaillants. La position était aussi défendue par des fossés et un pont-levis. Elle a également été utilisée durant la guerre de Cent Ans.

Au XVIIe siècle, la tour perd son rôle défensif et devient prison pour les protestants persécutés suite à l'interdiction de leur culte. Un siècle plus tard, la tour sert de grenier à blé au seigneur du lieu.

Un souterrain relierait la tour à l'église d'Angles, mais il n'a pas été attesté. On raconte aussi qu'un trésor serait caché dans la tour.

Non loin de la tour de Moricq, le bâtiment de l'octroi attire le regard. Il enjambe le canal des Bourasses. Ce local était le siège du péage sur les marchandises qui transitaient par le canal. ■

À gauche : Tour de Moricq.

À VOIR AUSSI

La Malbête
Église
85750 Angles

En haut du pignon de l'église, au-dessus de la porte, trône la statue d'un monstre : la Malbête. Selon la légende, cet ours énorme semait la terreur dans la paroisse ; il ravageait le territoire et dévorait les jeunes gens. Un jour, le curé Martin dompta la bête et la força à grimper en haut du pignon. Elle ne se nourrirait plus que de la beauté des filles d'Angles. Elle enlaidit donc chaque fille qui passait la porte de l'église, jusqu'à ce qu'on ouvre une porte sur une autre façade de l'édifice.

À SAVOIR

Le Carnac vendéen

Le territoire du Talmondais, qui s'étend entre Avrillé et Le Bernard, est très riche en mégalithes. Il a donc été surnommé le « Carnac vendéen », en référence aux alignements bretons. Plus d'une centaine de mégalithes s'y trouvent répartis sur onze communes : menhirs, alignements, dolmens et stèles funéraires.

En haut : Menhir de la Boilière

En bas : Menhir de la Garnerie

Le menhir du Camp de César

Jardin de l'Hôtel de Ville, 85440 Avrillé

Le roi des Menhirs

Le menhir du Camp de César est le plus grand de Vendée, ce qui lui a valu son surnom de « roi des Menhirs », et c'est aussi un des plus grands de France. Haut de 8,70 mètres (1,70 mètre est enterré), il est large de 7,30 mètres. Son poids serait de 85 tonnes. C'est une pierre taillée dans le granit local, à l'époque néolithique. Bien profilé, il a un sommet arrondi. Il appartenait à un alignement de trois pierres levées. Les deux autres n'existent plus depuis le milieu du XIXe siècle. Celui-ci a été sauvé par son classement au titre des monuments historiques.

Le menhir se trouve aujourd'hui en plein centre d'Avrillé, dans le jardin de l'Hôtel de Ville. Le nom de « Camp de César » a été donné par M. de Beauregard, un érudit local qui avait affirmé, en 1780, que les trois menhirs avaient été érigés par les Romains pour servir d'amer (de repère) à leur flotte. Le site a été fouillé en 1926, ce qui a permis de découvrir les pierres qui ont servi à caler le mégalithe.

La légende raconte que ce menhir fut une *minche* (un but) de Gargantua pour jouer au palet. Une autre légende affirme que si l'on parvient à jeter une pièce au sommet du menhir, cela porte chance. Sur le menhir de la Garnerie, non loin de là, lancer une petite pierre permet de voir un vœu exaucé. Mais il mesure deux mètres de moins, ce qui facilite les choses. La commune compte aussi le menhir de Beaulieu, ceux de la Pierre et celui de la Boilière. ■

À droite : Le roi des Menhirs.

À SAVOIR

Le polder de Sébastopol

L'île de Noirmoutier a toujours joué avec le niveau de la mer. Au XIXe siècle, elle a conquis de nouvelles terres sur l'océan avec des polders, comme l'ont fait les Hollandais dans leur pays. C'est d'ailleurs la famille Jacobsen qui a fait découvrir ce savoir-faire à Noirmoutier. Le polder a été endigué et asséché en 1856. Il couvre 132 hectares et est classé réserve naturelle.

Ci-dessous : Un refuge du Gois.

Le Gois

D 948, 85630 Barbâtre

Une route sous la mer

Le passage du Gois est une chaussée submersible que l'on ne peut emprunter à pied ou en voiture qu'à marée basse. Longue de 4,2 km, cette route a été tracée pour la première fois sur une carte au début du XVIIIe siècle, mais elle était connue déjà au Moyen Âge. Elle relie l'île de Noirmoutier à Beauvoir-sur-Mer. Jusqu'à la construction du pont, en 1971, c'était le seul moyen de rejoindre l'île sans bateau. Son nom viendrait du verbe patois « goiser » : marcher en se mouillant les pieds. La route est praticable 1 h 30 min avant la marée basse et 1 h 30 min après. En dehors de ce créneau, on risque l'accident : l'eau revient très vite couvrir la chaussée qui disparaît totalement.

Les premières balises (des poteaux de bois) ont été implantées en 1780, mais elles n'ont résisté que huit ans à la mer. La chaussée a été aménagée au XIXe siècle : le passage a été empierré et neuf balises refuges ponctuent le trajet (pour abriter les imprudents). Le pavage actuel, encore visible par endroits, date des années 1930. Le Gois est un haut lieu pour la pêche à pied. Son fond sableux, nourri des alluvions de la Loire qui se répandent dans la baie de Bourgneuf, est riche en coquillages. C'est aussi le lieu d'exploits sportifs : la course des Foulées du Gois l'emprunte tous les ans, en juin, et le Tour de France l'a inclus à son parcours depuis 1993. ■

La chaussée découverte.

Marée montante sur le Gois.

11
DAR - KOUM

Villa Dar Koum
Front de mer
Fromentine, 85550 La Barre-de-Monts

On dirait le Sud

Les villas de bord de mer sont souvent originales et celles de Fromentine ne font pas exception. Elles ont été construites entre la fin du XIXe siècle et les années 1930. La mode des bains de mer a lancé la station et le terrain qui est aujourd'hui occupé par le remblai a été vendu par le service des Eaux et Forêts pour servir à des lotissements en 1850.

L'estacade de Fromentine a été construite entre 1856 et 1859, pour permettre l'embarquement des passagers et des marchandises à destination de l'île d'Yeu. Mais c'est l'arrivée du train, en provenance de Challans, en 1896, qui a véritablement donné l'impulsion touristique. La station balnéaire s'est ensuite développée entre les deux guerres.

Le remblai commence à l'estacade et se poursuit jusqu'à l'école de voile, au pied du pont de Noirmoutier. La villa Dar Koum (ou Dar Khoum) est la plus originale avec son allure empruntée au Maroc. Toute blanche, sa façade se compose d'arcs outrepassés reposant sur de fines colonnes. Des mosaïques complètent son style mauresque. Elle a été édifiée en 1930 pour Jean Demé, un entrepreneur nostalgique de ses années au Maroc. Pour parfaire l'exotisme, sa maison porte un nom arabe qui signifie « chez vous ». Elle est entourée d'autres villas comme La Brise, qui doit être la plus ancienne, fin XIXe siècle ou tout début XXe siècle, de style Art nouveau. Les chalets bâtis pour la location par Léon Souhiard, responsable de la ligne du petit train, datent de l'entre-deux-guerres, tout comme la villa Océana, dite aussi la « Maison Rose », construite tout en hauteur. ■

À SAVOIR

Les sports d'hiver à la mer
85550 La Barre-de-Monts

Depuis 2009, le Barre-de-Monts organise une activité originale pendant les vacances de la Toussaint : les sports d'hiver à la mer. Il s'agit d'activités de neige que l'on pratique ici en station balnéaire : luge sur sable et balades en traîneau tiré par des chiens dans la forêt.

À gauche : Façade de la villa.

Ci-dessous : Fenêtres de l'étage.

Brouette géante
Rue de l'Armistice, Saligny, 85170 Bellevigny

Une brouette pour Gargantua

Le bourg de Saligny aime les brouettes et il le prouve ! Tous les 15 août a lieu une course de brouettes, et ce depuis 1984. Cette manifestation (inspirée par une course de brouettes existant en Belgique) a été inventée pour remplacer la traditionnelle course cycliste et la fête foraine du 15 août, qui s'étaient essoufflées. La course se déroule sur un parcours en boucle de 500 mètres, en centre-bourg. Le but est de faire le plus de tours possible en trois heures. Chaque équipe comporte quatre membres : un porté, un porteur et deux remplaçants. Tous sont costumés et ont décoré leur brouette. On voit donc défiler des pêcheurs, des clowns, des personnages de bande dessinée… L'équipe la plus originale gagne un prix, ainsi que celle qui a fait le plus de tours. Un troisième trophée récompense l'ambiance mise sur le parcours. Un repas dansant et un feu d'artifice clôturent cette journée conviviale qui attire des équipes d'autres régions et même d'autres pays.

Ci-dessus et ci-dessous : La brouette sous son abri.

À gauche : Roue de la brouette géante.

Pour fêter le dixième anniversaire de la course, l'entreprise de menuiserie Girard a confectionné une brouette géante. Celle-ci mesure six fois la taille d'une brouette normale, soit 8 mètres de long et 3 mètres de haut, pour un poids total de presque 2 tonnes. La brouette est de forme traditionnelle, comme celle des jardiniers d'autrefois : à fond plat et ajouré, elle est entièrement réalisée en bois de chêne (y compris la roue et le moyeu). La roue a été cerclée de métal, comme autrefois.

Après restauration, la brouette géante a reçu un abri à sa taille en 2017. Un auvent a été construit, là aussi de manière traditionnelle : avec un muret de pierre, des poteaux de bois et une couverture de tuiles « tige de botte ». Une chanson a également été composée en l'honneur de la brouette salignaise. ■

Dolmen de la Frébouchère
85560 Le Bernard

Des mégalithes à foison

Au Bernard, la commune est sous le signe des mégalithes jusque dans la toponymie : on trouve dans le bourg la rue des Dolmens, l'école des Dolmens, le lotissement du Petit Menhir et la rue du Dolmen de l'Echaffa. La commune fait partie du « Carnac vendéen » pour la concentration des mégalithes qu'elle présente. On trouve en effet le dolmen de la Cour du Breuil au bord de la départementale 21. Ce dolmen de type angevin, assez modeste, est bien bousculé : deux piliers et un linteau sont au sol. Il mesure environ 3 mètres sur 3, comme ceux de Savatole. Au Plessis, trois menhirs, dont un couché, côtoient le dolmen de la Pierre folle (une construction récente pour ce dernier). Un autre menhir se dresse aux Ouches, tandis que les trois petits dolmens de Savatole se suivent. Ces trois-là ont été remaniés par le Dr Baudoin en 1916, si bien qu'on ne sait pas quelle était leur disposition d'origine.

Ci-dessus : Dolmen de la Cour du Breuil.

À droite : Dolmen de la Frébouchère.

Ci-dessous : Dolmen de la Pierre folle.

Un peu plus loin se trouve un des plus grands dolmens de Vendée, celui de la Frébouchère. Plusieurs petits menhirs lui font escorte dans les champs alentour. Son portique d'entrée est tronqué – il manque le linteau qui protégeait les deux piliers –, mais le reste du monument est en place. Sa grande chambre repose sur huit piliers et est couverte d'une énorme dalle de granit pesant plus de 80 tonnes. L'arrière est fermé d'une seule dalle de pierre. La chambre mesure plus de 7 mètres de long pour 3,50 mètres de large. C'est aussi un dolmen de type angevin, qui était recouvert d'un tumulus. Sa dalle, brisée au milieu du XIXe siècle, a été remontée sur des piliers redressés en 1887. Plusieurs légendes circulent autour de la cassure de la dalle supérieure : foudre divine, vengeance d'un fermier à la ferme duquel les farfadets auraient jeté un sort…

Ces monuments datent du IVe millénaire avant Jésus-Christ, soit l'époque néolithique. ■

Dolmen de la Frébouchère

Domaine de la Courillère
85510 Le Boupère
www.domainedelacourillere.com, 02 51 61 71 89
Tarif 2 personnes : 99 € la nuit ; 3-4 personnes : 149 € la nuit
Kota grill : menu de 28 € à 33 €

Dormir en Finlande

Dans le bocage vendéen, Isabelle Humeau propose au Domaine de la Courillère des hébergements et une table d'hôtes dans un domaine agricole bien rénové. Les bâtiments à pierre vue sont mis en valeur par le parc fleuri et arboré. Des chambres y sont aménagées, ainsi que la salle à manger. Mais des hébergements insolites sont aussi dispersés dans le parc : les kotas finlandais.

Ces kotas sont des chalets de bois traditionnels de la Finlande. Ils sont construits en pin du Nord. Leur forme octogonale et leur toit pointu à huit pans tranche avec l'architecture vendéenne. Ces

chalets de jardin sont équipés de manière très confortable. Les petites fenêtres sont disposées sur plusieurs faces et permettent de profiter de la vue sur le jardin. Pour plus de confort encore, les kotas sont climatisés. Chaque chalet dispose d'une chambre à deux grands lits et d'une salle de bains. Une terrasse complète l'espace. Tout en bois blond, l'intérieur est chaleureux. La déco en rouge, gris et blanc renforce l'impression de cocooning. Un kota jacuzzi est aussi mis à disposition.

Au Domaine de la Courillère, il est possible de partager un repas original dans un kota grill. Ce chalet, conçu sur le même principe que les hébergements, se compose d'un barbecue central, entouré d'une table pour dix convives. Une hotte centrale aspire la fumée. Là aussi, la convivialité est mise à l'honneur. La table ronde permet à tous les invités d'échanger facilement et chacun fait cuire des aliments sur la grille en restant assis. Les repas proposés sont composés de produits régionaux (préfou, mogettes…). ■

À gauche, en bas : Kota, extérieur.

À droite, en bas : Intérieur d'un kota.

Ci-dessous : La table du kota grill.

Clocher et détail des fortifications.

Place Clément V
85510 Le Boupère

Une protection plus matérielle que spirituelle

L'église fortifiée du Boupère a une apparence plus guerrière que religieuse. Sa façade occidentale et la première travée de la nef comportent beaucoup d'éléments défensifs. Construite au XIIe siècle, l'église Saint-Pierre a été fortifiée trois siècles plus tard, sur ses faces ouest (le portail d'entrée) et sud. C'était le lieu de refuge de la population lors des attaques de la guerre de Cent Ans. Ses hauts murs austères se dressent sur une place bien dégagée. Deux petites tours à mâchicoulis dominent sa façade occidentale. Là, pas de verrière facile à percer. Seul un *occulus* haut placé apporte de la lumière dans la nef. Les tourelles sont des échauguettes,

Façade de l'église, échauguette et mâchicoulis.

destinées à guetter l'ennemi de loin. Elles sont reliées par un chemin de ronde où le crénelage permet aux tireurs de s'abriter. Des meurtrières et canonnières percent ses murs à hauteur d'homme. Des mâchicoulis (trous servant à lancer des projectiles sur l'ennemi du chemin de ronde) et des meurtrières sont également présents dans le mur sud de l'édifice.

L'église a été remaniée à la fin du XIXe siècle, mais seuls le chœur, le transept et l'abside ont été modifiés. À l'intérieur, le mobilier en bois du XIXe siècle rappelle cette vocation guerrière : les confessionnaux comme les stalles du chœur sont surmontés de créneaux sculptés, à but uniquement décoratif.

Cette église a connu une histoire mouvementée. Elle a été un temple protestant de 1563 à 1598. Pendant la Révolution (en 1798), elle a été vendue comme bien national, avant d'être rachetée dix ans plus tard par la commune du Boupère.

Le mobilier d'autel est surprenant : résolument contemporain, il est à piétement de métal. La base métallique noire contraste avec le bois blond des lutrins, de l'autel et du support de bénitier. Les formes sont galbées et futuristes. Elles donnent une impression de légèreté. ■

Vendée miniature

50 rue du Prégneau, 85470 Bretignolles-sur-Mer
https://www.vendee-miniature.fr 02 51 22 47 50
Ouvert de mai à septembre et aux vacances de la Toussaint
Tarif adulte : 7,50 €, enfant : 5,50 €

Un village de Vendée vu par les géants

L'église.

Vendée Miniature, c'est la maquette d'un village vendéen aux environs de 1900. Plus de six cents personnages sont représentés avec leurs accessoires, et cinquante bâtiments sont reproduits : l'église, la gare où arrive un train à vapeur, des maisons, des granges, deux moulins à vent, des commerces aux façades colorées – la boulangerie, l'épicerie, la boucherie où le boucher débite son quartier de bœuf, le café et sa terrasse. Des voitures à cheval sont aussi figurées (tombereau, charrette, char à bancs). L'ensemble a demandé seize ans de travail à Yves Aubron et son épouse Marie-Françoise. Yves Aubron est un ancien ébéniste. Il a donc le goût du bois et du travail soigné.

Les maquettes sont à l'échelle 1/10e et sont réalisées avec les matériaux véritables : pierre, bois, ardoise, chaux. C'est ce qui donne au résultat son apparence si réaliste. Yves Aubron a commencé la création de ce village vendéen en 1994. Les modèles réduits ont d'abord été exposés à Tiffauges, au nord-est du département, sur une surface de 100 m^2, avant de s'installer à Bretignolles-sur-Mer. Aujourd'hui, le village occupe trois fois plus de place.

On y voit la bergère et ses moutons avec les fileuses autour du rouet. Plus loin, c'est la moisson qu'on rentre en charrette, les pommes de terre que l'on met en sac ou le raisin que l'on vendange. Une fermière ramasse ses choux. Le maire célèbre un mariage. On entendrait presque les clientes bavarder au marché, autour des cages à volailles. La laiterie en plein air montre son écrémeuse et sa baratte. Les scènes sont vivantes et drôles. On ne se lasse pas d'admirer les détails reproduits à l'identique. ■

Mariage devant l'église.

Les commerces du village.

Refuge de Grasla

Forêt de Grasla, 85260 Les Brouzils
www.refugedegrasla.fr, 02 51 43 85 90

Le Refuge de la mémoire

En 1794, la forêt de Grasla a abrité un village précaire d'habitants voisins de la forêt. Ces derniers fuyaient la répression des armées républicaines : les « Colonnes infernales » du général Turreau. En effet, les Vendéens se sont largement révoltés en 1793 contre la conscription qui ordonnait la levée en masse de 300 000 hommes pour gonfler les armées révolutionnaires. Ils s'opposaient également à l'interdiction du culte catholique, à la persécution des prêtres, et restaient attachés à la royauté et à leurs seigneurs locaux. La République a donc envoyé des armées combattre les insurgés et ravager la Vendée pour la pacifier. Une guérilla impitoyable a suivi.

L'association « Le Refuge de Grasla » perpétue la mémoire de ces événements. Le sujet des Guerres de Vendée reste sensible dans la région et le point de vue donné ici est celui des Vendéens révoltés. Dans la forêt de Grasla, un village de loges est reconstitué. On estime que deux mille personnes trouvèrent refuge à cet endroit. Les cabanes sont réalisées avec une armature de branches et des murs de brandes (grande bruyère). Les activités quotidiennes sont représentées, comme la forge ou la lessive. La chapelle trône au cœur de ce village, ce qui rappelle que les Vendéens furent aussi persécutés par les révolutionnaires pour leur attachement au catholicisme.

Des visites insolites sont organisées, sous la conduite d'un guide-acteur qui se présente comme archéologue du lieu. On peut aussi arpenter librement le village avec une tablette numérique qui complète les panneaux explicatifs. Un spectacle, « Pierre, capitaine de village », anime également les lieux le soir. Le Refuge accueille tous les ans un salon du livre. ■

La chapelle.

Loges d'habitation.

À VOIR AUSSI

Les deux monuments aux morts
Rue des Hortensias et place de l'Église 85540 Le Champ-Saint-Père

Le Champ-Saint-Père possède deux monuments aux morts de la Première Guerre mondiale, suite à un conflit entre le conseil municipal et son opposition concernant le nombre de morts. Le monument de 1919 est une simple croix sur un piédestal de granit. La croix est ornée de la couronne d'épines et des trois clous de la Passion. Le piédestal porte une inscription sans liste de noms et deux épées. Le second, en marbre, est surmonté d'un ange apportant une couronne. Situé près de l'église, il porte le nom des soldats morts pour la France. Ce monument officiel date de 1920.

Pierre des Fées
La Baffardière, 85540 Le Champ-Saint-Père

La Pierre de la garache

La Pierre du Vigneau se trouve près du lieu-dit de La Baffardière, au nord du bourg de Champ-Saint-Père. Elle se situe sur un sentier pédestre de 14 km, rapidement accessible depuis l'aire de la Baffardière. On l'appelle aussi Pierre aux Fées. C'est un gros bloc rocheux de 23 mètres de hauteur qui domine le ruisseau, le Péron. Le rocher imposant est large d'une vingtaine de mètres. La légende raconte que les fées y viennent danser l'hiver, dans la nuit du samedi au dimanche. Au onzième coup de minuit, leur danse, calme jusqu'alors, se transformerait en sarabande effrénée.

Une autre créature magique, la *garache*, affectionnerait ce passage. La garache est un personnage du folklore de Vendée. C'est une sorte de loup-garou ou de chèvre-garou, le plus souvent une femme qui a été transformée en animal pour expier un méfait. La garache retrouverait forme humaine si on la blessait.

Au bas du rocher est creusée une petite grotte, qui a aussi donné lieu à une légende : c'est le four des fradets. Ces lutins (fradets ou farfadets) y pétriraient leur pain avec l'eau de la source et le cuiraient dans ce creux. Les fradets ont aussi un puits non loin de là. ■

À droite : La Pierre du Vigneau.

Polissoir
La Vésinière, 85390 Cheffois

Une pierre à aiguiser géante

Au hameau de La Vésinière, une grosse pierre plate trône sur une pelouse, au bord de la petite route. C'est un polissoir néolithique. Il a été décrit par le Dr Marcel Baudouin en 1912. Le polissoir est un bloc de quartz. Il n'est pas originaire de La Vésinière même, mais provient sans doute d'un affleurement de quartz proche. La pierre a été apportée sur la butte de La Vésinière. On a trouvé à proximité deux haches polies et quelques silex. Une station néolithique de taille d'outils était donc installée là.

La pierre pèse sans doute cinq à six tonnes. Elle mesure 2,20 mètres sur 1,35 mètre, pour une épaisseur de 90 centimètres. Le bloc est assez régulier et sa surface est plane, ce qui a déterminé son choix comme polissoir. On voit des traces de polissage sur la face supérieure : des rainures et des cuvettes provoquées par le frottement des outils de pierre. Pour former de belles haches, les hommes du Néolithique les frottaient longuement sur une autre roche. Ils utilisaient souvent du sable comme abrasif pour obtenir un rendu lisse. Par-delà les siècles, les agriculteurs locaux ont continué à aiguiser leurs outils sur le bloc néolithique. ■

À SAVOIR

Manoir des sciences
8 rue Ferchault
85700 Réaumur
https://manoirdessciences dereaumur.fr

Le manoir était la maison familiale du scientifique des Lumières René-Antoine Ferchault, seigneur de Réaumur (1683-1757) et inventeur du thermomètre à alcool Réaumur. Depuis 2002, le manoir est devenu un musée ouvert au public. Il aborde la biologie, la chimie et la physique. Le visiteur touche les objets et expérimente lui-même dans le manoir et le jardin. On découvre les sciences du XVIIIe siècle, le cabinet de travail du savant, le laboratoire... La visite proposée est ludique, interactive et sensorielle.

À gauche : Traces de polissage sur la pierre.

Ci-contre : Le polissoir.

Usine électrique
La Doucinière
85610 Cugand

Vestige d'un projet avorté

À VOIR AUSSI

Bombe
La Doucinière
85610 Cugand

À l'entrée du hameau de La Doucinière, une bombe désamorcée de la Seconde Guerre mondiale a été posée en évidence pour marquer le carrefour. On a plus l'habitude de trouver une croix que ce type de trophée au croisement de routes. Fixée sur une grosse pierre plate, l'arme a été repeinte en vert foncé. Il ne lui manque que les ailettes.

La commune de Cugand est située au bord de la Sèvre nantaise. La commune compte une dizaine de moulins hydrauliques, actionnés par le flot de la Sèvre. Ceux-ci se sont transformés au fil du temps et la rivière est jalonnée de chaussées de moulins et de cheminées de briques, ajoutées lors de la transformation des moulins au XIXe siècle. Certains de ceux-ci sont devenus des filatures, comme à Hucheloup, ou des papeteries, comme à La Feuillée.

Une haute cheminée grise détonne dans ce paysage. Elle dépasse largement le viaduc de La Doucinière, pourtant haut de 30 mètres. La cheminée n'est pas en briques comme souvent, mais en béton – étant plus récente que les autres. Il s'agit de l'usine électrique construite sur le coteau. L'usine a été édifiée par la société l'Électrique d'Anjou en 1915. Le but était de produire de l'électricité à base de charbon. La centrale électrique a donc été implantée à proximité de la voie de chemin de fer qui relie Nantes à Cholet : le charbon arriverait à l'usine par le train. L'électricité était destinée au fonctionnement des usines alentour et à l'éclairage des communes.

On a une belle vue sur la grande cheminée depuis le hameau de La Doucinière, ou depuis celui de Chevalier, sur la commune de Boussay, en Loire-Atlantique. Les deux hameaux se font face, de part et d'autre du viaduc ferroviaire. Malgré l'investissement important réalisé, cette centrale à charbon n'a jamais été mise en fonctionnement. ■

À droite : Cheminée de l'usine électrique.

Moulin à foulon
Gaumier, 85610 Cugand
02 51 43 70 70 (mairie)
Ouvert en juillet-août du vendredi au dimanche (14 h-18 h), et en septembre les samedis et dimanches

La Sèvre et ses moulins

La Sèvre nantaise a vu son cours se couvrir de moulins depuis le Moyen Âge. Les moulins à eau servaient jusqu'au XXᵉ siècle pour moudre les céréales, fouler les tissus ou fabriquer la pâte à papier. Cent quarante moulins ont été recensés sur cette rivière de 135 km. À Cugand, comme à La Bruffière, Saint-Laurent-sur-Sèvre ou Boussay (en Loire-Atlantique), c'est l'activité de tissage et de foulonnerie qui l'emporte. Le moulin du Petit Gaumier en est un bon exemple. Construit au XVIᵉ siècle, ce moulin à foulon a fonctionné jusqu'en 1955. Son dernier meunier, Henri Gouraud, a expliqué les moindres détails du mécanisme, ce qui a permis la restauration du moulin et sa remise en état à partir de 1998.

Le moulin est en forme trapézoïdale, pour résister au courant. Près de lui se trouve le bâtiment de la teinturerie du XIXᵉ siècle. Les draps étaient tissés dans le village de Gaumier, foulés au moulin pour resserrer les fibres, étendus sur le pré voisin et teints. La visite permet de saisir toutes les étapes, depuis la réception des toisons de laine jusqu'à la réalisation des pièces de drap teint. Une maquette détaille bien le mécanisme des maillets frappant le tissu plié. ■

À VOIR AUSSI

Moulin de la Feuillée
85610 Cugand

Ce moulin industriel possède une grande cheminée de briques. Reconstruit au XIXᵉ siècle, il a adopté le style clissonnais qui marque cette partie de la vallée : portes et fenêtres encadrées de briques, génoises et frises de tuiles, toit en tuiles canal. Ce moulin tannerie a servi de lieu de tournage à Serge Danot en 1966 pour sa série télévisée destinée aux enfants, *Le manège enchanté*. Aujourd'hui, c'est le siège social du Hellfest. Ce bâtiment privé est bien visible depuis le sentier balisé.

À gauche : Intérieur de la teinturerie.

Ci-contre : Le moulin, extérieur.

La pierre Plate et La Créancière
85170 Dompierre-sur-Yon

Deux ponts curieux

Ci-dessus et à droite :
Pont de Pierre-Plate.

La commune de Dompierre-sur-Yon possède deux ponts étranges : l'un en dalles de pierres pour franchir l'Yon, au lieu-dit Pierre-Plate, et l'autre qui est plus un ponton qu'un pont, posé sur l'étang du Moulin Papon, en contrebas du village de La Créancière.

On suppose que les légionnaires romains avaient placé là des menhirs pour franchir la rivière, mais ce pont semble plutôt « seulement » dater du Moyen Âge. Il est composé de deux larges pierres appuyées sur les berges et sur un pilier central. Ces trois dalles sont en schiste, sans doute extrait des alentours où l'on trouve naturellement ce matériau. Des traces anciennes de carrière sont visibles vingt mètres plus loin. Au XIXe siècle, il comptait une grande dalle de plus, mais celle-ci a été volée. Le pont a été démonté et replacé quelques mètres plus loin, vers l'amont, après la Seconde Guerre mondiale. Il a été intégralement rénové en 2013. Le pont se trouve sur le circuit pédestre du Poirier. Depuis la route, il suffit de descendre un sentier vers la rivière pour le trouver.

Le pont de La Créancière est dit « pont boche » ou « pont des Allemands ». Il est fabriqué en béton armé et mesure 20 mètres de long pour 2,5 mètres de large. C'est le plus ancien pont en béton armé du département. Son tablier est plat et il comporte deux rambardes pleines en béton. Il repose sur des piles de pierres, visibles lorsque le niveau de l'eau est bas. Au départ, il permettait de traverser l'Yon entre Dompierre-sur-Yon et La Ferrière. Une petite ligne de chemin de fer y passait. Les Allemands utilisaient cette voie pour transporter le minerai de La Thermelière vers le chemin de fer qui passait alors à La Ribaudière. La mine de La Thermelière produit du fer. C'est le gisement le plus important de Vendée à cette époque. Le circuit pédestre du Frêne permet de passer près du pont. ■

Pont de La Créancière.

Terragora Lodges
La Poizelière, 85590 Les Epesses

Vous êtes plutôt papillon ou scarabée bousier ?

Terragora Lodges est un hôtel-restaurant très insolite. Dans la vallée d'un ruisseau, la famille Gaborit vous propose des cabanes et des lodges surprenantes dans une vallée reculée. Sur un terrain de plusieurs hectares, ces constructions écologiques laissent le plus de place possible à la nature. Terragora, c'est aussi une philosophie de vie : se reconnecter avec la nature, vivre en relation avec les autres, d'où ce nom qui signifie « l'assemblée des hommes au cœur de la nature ». Le projet a été initié par le père, Jean-Pierre Gaborit, et c'est le fils, François, qui vous reçoit. On peut venir passer une nuit, mais aussi suivre un séminaire ou une formation, aider à entretenir le site et à construire les cabanes. Terragora Lodges a ouvert en 2013, après une première expérience dans le même esprit au Sénégal.

Ci-dessus : Intérieur d'un lodge chrysalide.

À gauche : Lodge chrysalide, extérieur.

Ci-dessous : Cabanes.

Les hébergements les plus insolites sont les lodges chrysalides et les terriers. Les chrysalides ont une forme ovoïde, comme un cocon ; elles sont posées à flanc de coteau. L'extérieur est recouvert d'écailles pour les côtés et de bardeaux de bois (des portions de douelles de barriques) pour le sommet. La structure est en bois, ancrée autour d'un fort pilier métallique. L'intérieur est fait de toile tendue et de fourrure à longs poils doux. Des tressages d'osier et de lattes de bois reprennent les formes naturelles (toile d'araignée, nid). Deux terrasses en bois permettent de guetter les oiseaux ou simplement d'écouter le souffle du vent ou le bruissement du ruisseau.

Les terriers sont des boules de terre (adobe) accolées et protégées par des toiles tendues. Elles font penser à des cases africaines ou aux boules de terre roulées par les bousiers. Les formes sont arrondies et douces. La fenêtre est circulaire, comme un œil tourné vers le coteau d'en face. ■

Hôtel des Mines.

Coron de la Haute-Terrasse.

La Verrerie
85240 Faymoreau
www.centreminier-vendee.fr

À L'Ouest, c'était les corons..

Le village minier se trouve à 2 km du bourg de Faymoreau. Il regroupe une partie des anciennes installations des mines de houille et un musée, le Centre Minier. Le charbon est découvert à Marillet en 1827 et une verrerie est installée tout près, dans ce qui deviendra le village de Faymoreau en 1836, pour utiliser sur place le charbon de moins bonne qualité. Les mines de charbon ont fonctionné jusqu'en 1958.

Plusieurs corons sont visibles, comme celui des Bas de soie, réservés aux contremaîtres à l'entrée sud de La Verrerie. Plus haut dans le village, on rencontre deux corons plus simples, ceux des ouvriers : le coron de la Basse-Terrasse et celui de la Haute-Terrasse. Ces deux ensembles de maisons basses datent de 1880 et 1910.

Le village comprend aussi un Hôtel des Mines, construit en 1918, et une chapelle des mineurs édifiée elle aussi par la Société des Mines en 1876. Face à la chapelle, la maquette du chevalement du Puits Bernard permet de visualiser les structures existant dans le village durant l'exploitation du charbon. Un chevalement du XXe siècle est resté en place à Épagne, au Puits Saint-Michel.

Le musée du Centre Minier, installé dans l'ancien dortoir des verriers, présente la salle des pendus, le carreau de la mine, le travail des hommes et leur vie quotidienne, mais aussi les débouchés du charbon et la géologie du Carbonifère. ■

À VOIR AUSSI

Les vitraux de la chapelle des mineurs

En 2001, des vitraux, objets d'une commande publique du ministère de la Culture, sont réalisés par l'artiste Carmelo Zagari, originaire d'une famille de mineurs, et l'atelier Vitrail France. Cette œuvre de dix-huit verrières mêle figures, couleurs et spiritualité en hommage aux mineurs. L'ensemble représente la vie de la mine ; la famille, le galibot, le mineur, sainte Barbe (patronne des mineurs), la cage d'ascenseur, le coup de grisou. La figuration est résolument moderne et les couleurs franches.

Parcabout – Le Donjon des cimes

Parc Baron
Rue du Château féodal, 85200 Fontenay-le-Comte
02 51 53 19 70
Tarif adulte : 11 € ; enfant : de 6 € à 8 €
Ouvert d'avril à novembre tous les après-midis pendant les vacances scolaires ; mercredi, samedi et dimanche après-midi hors vacances

À l'abordage !

Dans le parc du château féodal, en plein centre-ville, la commune a fait installer un parcabout en 2010. C'est le premier parc de ce style dans les Pays de la Loire. La société Chien Noir a inventé et réalisé le premier parcabout de France à Groix en 2007, avant de concevoir celui-ci. La structure a ensuite été modifiée en 2016. Cet ensemble de filets est accroché aux grands arbres du parc Baron et suspendu à 9 mètres du sol. Les filets couvrent une surface de jeu de 2 000 m². Les filets sont les mêmes que ceux des trimarans ou ceux utilisés en sécurité dans les cirques. Leur solidité est à toute épreuve, et ils ont une grande élasticité.

La structure de filets est accessible à partir de 4 ans avec un accompagnateur adulte. Ce n'est pas de l'escalade ou de l'accrobranche, aucun matériel de sécurité type harnais n'est demandé, ce qui donne une grande liberté de mouvement. La seule exigence est de porter un pantalon et des chaussures sans boucles pour ne pas s'accrocher dans les mailles. La toile d'araignée du parcabout est constituée autour d'un trampoline central qui symbolise le donjon féodal entouré de douves. Une fois perché dans les filets, on a une vue plongeante sur la vieille ville.

La structure se prête à de multiples activités : on grimpe en toute liberté et on évolue à sa guise dans différents espaces matérialisés par les filets de couleur. On saute et on rebondit ou on glisse dans les toboggans et les tunnels. On peut y jouer au ballon, se hisser sur des échelles de corde ou simplement s'allonger et se laisser bercer comme dans un hamac. ■

Ci-dessus : Toboggan en cordes.

À droite : Le parcabout.

À VOIR AUSSI

Fours à chaux
Payré-sur-Vendée
85240 Foussais-Payré

À l'entrée du petit bourg, deux fours à chaux magnifiquement restaurés sont visibles de la rue, bien que situés sur un terrain privé. Un panneau explicatif permet de comprendre le fonctionnement des fours, en restituant l'ensemble. Les fours datent des années 1860 et ont fonctionné jusqu'en 1914. Ils étaient alimentés avec du charbon local. La chaux était réalisée en cuisant le calcaire à haute température. Elle était utilisée comme amendement pour améliorer la terre agricole

Arbre de la liberté
Payré-sur-Vendée, 85240 Foussais-Payré

Auprès de mon arbre

Dès 1790, pour célébrer les avancées de la Révolution de 1789, des arbres de la liberté ont souvent été plantés au centre des villages. Il s'agissait la plupart du temps de peupliers, à croissance rapide. Payré-sur-Vendée a conservé son platane deux fois centenaire. Ces arbres étaient le point de rassemblement pour des fêtes patriotiques avec discours, banquet et bal. L'arbre était alors décoré : on suspendait des rubans et des cocardes tricolores à ses branches. Le symbole était important : un décret révolutionnaire de 1794 (année de la Terreur) ordonnait de planter un arbre dans chaque commune. Les contre-révolutionnaires ont souvent abattu ces arbres symboliques de la liberté et un second décret, en 1798, ordonna la replantation des arbres détruits. On condamne alors à mort ceux qui ont porté atteinte à l'arbre de la liberté. Lorsque Bonaparte arrive au pouvoir en 1799, les lois de protection de ces arbres sont moins appliquées, mais la dévotion populaire reste importante.

Le platane du village mesure 5,50 mètres de circonférence. Il est impressionnant, bien qu'il ait été étêté en 1973. Il se trouve à un croisement, près du lavoir, un lieu stratégique où l'on se rencontrait souvent. ■

À droite : Platane de la Liberté.

Château-Gaillard
Impasse de Château-Gaillard, 85150 Le Girouard

Un château rêvé

Le bourg du Girouard se dresse sur un éperon rocheux qui domine la vallée de la Ciboule. En arrivant dans la commune par le sud, on est frappé par l'étrangeté du château qui se dresse sur la pointe de l'éperon, derrière l'église. Entouré d'une muraille fortifiée de tours, il semble être une forteresse mais son architecture fantaisiste détonne. Il s'agit de Château-Gaillard, l'ancien presbytère. Un château fort est bien attesté à cet endroit, en posture défensive. Mais au milieu du XIXe siècle, celui-ci a disparu et le presbytère a ensuite été construit sur l'éperon.

En 1900, le curé Révillon, grand admirateur du Moyen Âge, décide de remanier toute sa demeure qui demande des travaux.

Château-Gaillard

Il choisit de faire construire une folie en faisant ajouter des tours et des créneaux à un bâtiment de plan rectangulaire. Tout un appareillage de briques habille le presbytère. Le décor est très travaillé avec un chaînage de briques qui ceinture les murs à mi-hauteur, un double chaînage sur les tours, des pilastres de briques pour encadrer la porte, un fronton au-dessus de l'entrée principale et de faux mâchicoulis. L'assemblage de briques rouges est ajouré et le contraste de couleurs entre la brique et le crépi blanc fait penser à l'architecture orientale. C'est certainement une volonté de l'abbé qui a voyagé en Terre Sainte. La croix qui se dresse au-dessus du fronton rappelle qu'il s'agit de la cure, tout comme les croix dessinées en creux par les frises de briques et sur les piliers de l'entrée.

Le Château-Gaillard appartient aujourd'hui à la commune du Girouard. Il est utilisé comme salle de réunion ou de réception et ne se visite donc pas. Il vient d'être restauré et a retrouvé toute son allure. ■

Mur de l'écluse à poissons.

Écluse à poisson du Bon Secours
Boulevard de l'Océan 85680, La Guérinière
http://www.ecluseapoisson.izispot.com, 02 51 35 81 65
Ouvert du 1er juillet au 15 septembre (2€)

Les poissons piégés par la marée

La pêche a toujours été une activité essentielle sur le littoral et les îles. Sur les estrans rocheux, un mode de pêche des poissons sans bateau a été inventé : les écluses à poissons ou pêcheries. Celles-ci sont attestées depuis le Moyen Âge, mais elles existaient peut-être auparavant.

Il s'agit de pièges formés par des murets de pierres sèches. Ceux-ci sont disposés en un large arc de cercle, tourné vers le large et fermé par une ou plusieurs grilles. Les murs sont hauts de 1,50 mètre au maximum (la hauteur est réglementée par une ordonnance de Colbert) et longs de plusieurs mètres. Les poissons entrent facilement à marée haute, lorsque les murets sont submergés. Mais lorsque le flux se retire, l'eau ressort par les grilles et les poissons restent emprisonnés dans l'écluse. Il n'y a plus qu'à se baisser pour ramasser de belles prises.

L'île de Noirmoutier, comme celle d'Oléron ou de Ré, conserve des écluses à poissons bien visibles sur la façade atlantique. La Guérinière met en valeur ce patrimoine à travers l'association de l'Observatoire de l'Estran de l'île de Noirmoutier et la Maison des écluses à poissons et des pêches traditionnelles. Plus d'une centaine d'écluses à poissons existaient sur l'île au début du XXe siècle, mais les murets demandent beaucoup d'entretien et les pêcheries ont peu à peu été abandonnées. La dernière a cessé de fonctionner en 1986. L'écluse du Bon Secours, sur la plage de La Guérinière, a été restaurée et elle se visite avec un guide.

Le musée présente les écluses à poissons et les modes de pêche anciens, mais aussi la faune et la flore de l'île. ■

Fresques murales

Centre-ville, 85500 Les Herbiers

Y'a de la joie !

Le centre-ville des Herbiers est habillé de plusieurs fresques murales en trompe-l'œil. Elles se situent autour du marché et représentent des scènes du quotidien ou de fausses façades. On les trouve rue du Marché, rue Basse des Halles, rue Nationale, rue du Tourniquet, rue du Pont de Ville, rue Neuve ou rue de Saumur. Colorées et joyeuses, les peintures décorent des murs aveugles. On y voit par exemple deux enfants se pressant pour entrer à l'école, sous le regard bienveillant d'un grand-père. Sur l'une, un homme perché sur une échelle remet en place un panneau à l'ancienne au-dessus d'un porche. La terrasse d'un café est l'objet d'une autre. Ailleurs, un homme fatigué entasse sa récolte de pommes de terre dans un panier, tout en caressant son chien. Plus loin, du linge sèche tandis qu'un chat se prélasse. Un ancien garage est aussi représenté. Partout, la convivialité et la bienveillance sont mises à l'honneur. Les scènes ont un aspect un peu nostalgique. Elles évoquent une époque où on faisait attention aux petites choses, où on prenait le temps de vivre. La douceur des teintes accentue un sentiment de vacances.

Ces peintures murales ont été réalisées par l'entreprise L'Atelier Décors de François Gaboriau. Elsa Laborieux et Pierre Martin en sont les auteurs. ■

À VOIR AUSSI

Le circuit des trompe-l'oeil

85700 La Meilleraie-Tillay

https://meilleraie-tillay.fr

Le bourg de la Meilleraie-Tillay a adopté la même idée. Un circuit qui valorise les peintures est indiqué sur le plan du parking, rue des Ombrages. Il est aussi téléchargeable sur le site de la mairie. Les fresques sont réalisées dans un parcours plus large : au parking, au stade, sur le mur de la salle de spectacles, au milieu des lotissements... Les couleurs sont vives, comme des dessins d'enfant, et le trait est volontairement naïf.

À droite : Fresque rue Basse des Halles.

CAFÉ des HALLES
CAFÉ
des HALLES
CAFÉ
VINS

Fresque Grande Rue.

Fresque rue Basse des Halles.

Le Mont des Alouettes
RD 160 85500, Les Herbiers

Le meunier ne dort pas aux Alouettes

Au bord de la route qui relie Cholet aux Herbiers, se dressent deux moulins restaurés en 2020. Le plus petit ne fonctionne plus, c'est le moulin Jean Yole. Il porte sur son mur une large sculpture en bas-relief : le profil de l'écrivain et homme politique vendéen. Le plus grand des moulins est toujours en usage. Un meunier en costume traditionnel (vêtement blanc et bonnet) y moud la farine qu'il vend l'été aux visiteurs. La visite permet de comprendre le fonctionnement de la machinerie, du toit tournant au blutoir, en passant par la meule et les alluchons. Au XIXe siècle, huit moulins se dressaient sur le mont. Le plus ancien attesté date de la Renaissance. Ces moulins ne sont pas très hauts car le meunier devait monter sur les ailes pour donner plus de voilure ou la réduire, selon la force du vent (il étendait la toile sur les ailes pour donner plus de prise au vent et accélérer la rotation, ou l'attachait plus serré pour freiner le mouvement).

Ci-dessus : Le moulin des Alouettes.

À gauche, en haut : Les deux moulins.

À gauche, en bas : La chapelle.

Le Mont des Alouettes, un des plus hauts sommets de Vendée (232 mètres), a été un emplacement stratégique pendant les Guerres de Vendée. Les ailes des moulins servaient d'indicateur aux troupes royalistes : selon l'orientation donnée aux ailes, différents messages étaient envoyés (rassemblement, grand danger militaire, danger écarté…). Les mouvements des troupes ennemies pouvaient ainsi être transmis d'un moulin à l'autre sans que les « Bleus » ne le comprennent.

Une chapelle néogothique orne le site. Construite sur la volonté de la duchesse d'Angoulême (la fille rescapée de Louis XVI), elle commémore les Guerres de Vendée et la souffrance que celles-ci ont causée aux catholiques vendéens. Sa construction a démarré en 1825, mais elle est restée longtemps inachevée… avant d'être terminée en 1968. Ses vitraux datent donc du XXe siècle. ■

Les Pierres à cupules
85350 Île d'Yeu

De mystérieuses cupules

L'île d'Yeu compte plusieurs petits dolmens, mais on y trouve surtout des monuments plus mystérieux : des Pierres à cupules. On ne sait pas à quoi servaient ces creux en forme de cuvette taillés dans le granit. Les cupules ont un diamètre de 5 à 10 cm, pour une profondeur de 3 cm environ. Leur forme est parfaitement circulaire, elles ne sont donc pas naturelles. Disposées de manière régulière, elles devaient avoir un sens, sans doute religieux. Est-ce une représentation des étoiles ?

On trouve ces cupules sur le Siège du Chargirou ou la Roche à Robion, près du hameau de La Croix, à la Roche aux Fras et au Chien à l'Affût, près de la Meule, à Ker Difouaine et à la Pierre des Amporelles, près de la Pointe du But, à la Table du Jars, près du Vieux Château… La Pierre du Pain et du Beurre, près de la plage des Soux, en présente un bel ensemble. C'est un groupe de deux grosses pierres et plusieurs petites, orientées est-ouest. Les cupules sont taillées au sommet des rochers. La plus grosse pierre en compte six, presque alignées, l'autre grosse pierre est creusée de trois cupules sur son sommet effilé, et les petites en portent une ou deux chacune. En tout, une douzaine de cupules ornent ce groupe rocheux.

On trouve aussi des pierres à cupules à Cheffois, sur l'île de Noirmoutier, au Poiré-sur-Vie. ■

À gauche : Pierre du Pain et du Beurre.

À VOIR AUSSI

Le monument du Sequana
Côte Sauvage
85350 Île d'Yeu

Sur la côte entre la plage des Vieilles et la pointe des Corbeaux, une statue de métal a été érigée en 2017 pour le centenaire du naufrage du *Sequana* (198 tirailleurs sénégalais sont morts dans le naufrage de leur navire, torpillé par un sous-marin allemand le 8 juin 1917). L'épave se trouve au large. La statue d'Arnaud Kasper représente une tête de Sénégalais exprimant la souffrance. Sur le plastron est gravée l'inscription commémorative. Le dos évoque l'épave habitée par les crabes et les poissons.

À VOIR AUSSI

Les fours à soude
Plage des Sables Rouis
85350 Île d'Yeu

En arrière de la plage des Sables Rouis, on trouve le vestige d'une activité disparue : deux fours à soude, bien restaurés. Il s'en trouvait six autrefois, et bien plus entre la Pulante et la Gournaise, près du chemin des Soudiers. Ces cuves dallées de granit ont servi à cuire du goémon, les grandes laminaires, appelées « queues-jeannes ». La soude ainsi produite était vendue à l'industrie du verre ou la pharmacie. La fabrication de la soude a surtout été importante entre 1860 et 1930. Dans les années 1860, cent cinquante soudiers travaillaient sur l'île.

Ci-contre : Inscription sur l'étrave.

À droite : La croix monumentale.

Le Calvaire des Marins
Pointe du Châtelet, 85350 Île d'Yeu

Une croix pour les marins

La Pointe du Châtelet porte un monument impressionnant : face à la mer, une grande croix métallique a été érigée sur une base de ciment en 1934. Peinte en blanc, elle s'impose dans le paysage, qu'on vienne par la mer ou par la terre. La base, posée sur la falaise, à l'extrémité de l'éperon rocheux, est en forme de proue de bateau. La date de 1934 est inscrite en relief sur son étrave. Le navire esquissé semble émerger de la terre pour se jeter dans les vagues.

Le calvaire a été dressé en hommage aux marins péris en mer. Il a longtemps été le lieu d'un pèlerinage qui se déroulait un an sur deux, en alternance avec la Fête de la Mer.

La Pointe du Châtelet a eu un usage défensif à la Préhistoire, tout comme la Pointe voisine de Ker Daniau : ce sont des éperons barrés par une levée de terre renforcée de rochers. La fortification protohistorique se présente sous la forme d'un gros bourrelet, bien visible dans le paysage, surtout si on la regarde de l'extérieur de l'éperon, depuis le haut de la plage des Sables Rouis. Les Romains ont sans doute renforcé ce bourrelet pour y établir un camp : la Redoute romaine. ■

La Pierre Tremblante
Côte sauvage, 85350 Île d'Yeu

Faites trembler la pierre !

Sur la côte sauvage, entre le port de la Meule et la pointe de la Tranche, se trouve la Pierre Tremblante. C'est un gros rocher posé en bordure de la falaise, au sommet d'un amas, le massif de La Taillée. La Pierre Tremblante a un peu la forme d'une énorme souris, avec un corps oblong et une tête pointue bien marquée. Une faille délimite nettement les deux parties de l'animal. Mais cette souris mesurerait 7 mètres de

longueur ! Le rocher de granit pèse plusieurs tonnes. Cependant, si on sait où se positionner, on peut faire légèrement trembler cette roche, en donnant une petite impulsion. À la sentir partir sous sa main, on a alors l'étonnante impression de la faire basculer dans le vide.

Une autre particularité de la Pierre Tremblante est l'érosion surprenante du rocher qui la touche. Au sol, on croirait deux empreintes de pied dans le granit, tandis qu'un corps aurait creusé de son dos le roc qui surplombe ces empreintes.

L'endroit offre un beau point de vue : d'un côté sur la chapelle de la Meule, les falaises déchiquetées et l'entrée du Port de la Meule ; de l'autre côté, sur le Courseau de Risque-de-Vie. C'est une profonde faille dans la falaise, où le ressac est impressionnant lorsque la mer est forte. ■

À VOIR AUSSI

Les cabanes de pêcheurs du Port de la Meule

Le Port de la Meule est un abri charmant pour les bateaux de pêche, dominé par une chapelle blanche. Comme aux Corbeaux, au petit port des Vieilles ou aux Sabias, des cabanes de pêcheurs peintes se serrent sur le quai, adossées à la falaise. L'une d'elles se distingue par sa fabrication : elle est constituée de l'arrière d'une barque bleue, posée à la verticale. Son nom est évocateur : « Le Q de Gabrielle ».

La Pierre Tremblante en haut du massif de La Taillée.

Blockhaus

Moulin de La Garde, 85540 La Jonchère

Un chapelet de blockhaus en pleine terre

Ci-dessus : Blockhaus enterré.

À droite : Base de radar.

La Jonchère a presque vue sur la mer, du haut de la butte du Moulin de La Garde (altitude : 36 mètres). Par beau temps, on aperçoit La Rochelle. C'est l'endroit que les ingénieurs allemands ont choisi, durant la Seconde Guerre mondiale, pour installer un ensemble de blockhaus faisant partie du Mur de l'Atlantique. Ceux-ci n'étaient pas des éléments défensifs chargés de pilonner un éventuel débarquement par bateaux, mais formaient une station de radars. Cette station se composait de deux sites : celui du Moulin de La Garde et celui de La Cigogne, à 3 kilomètres de là. Elle a été construite en 1942.

Quatre radars et huit batteries de DCA (défense contre les avions) ont été édifiés. Les constructions de béton sont aujourd'hui disséminées dans des parcelles cultivées ou enfouies dans les ronces. Certains blockhaus ont été en partie enterrés au fil des années. On en retrouve facilement quatre autour du Moulin de La Garde, et d'autres se devinent dans les massifs de ronces. Les chemins agricoles permettent d'approcher, mais lorsque le maïs est haut dans le champ, les blockhaus disparaissent. En haut d'une parcelle, un bâtiment au toit plat était en relation avec la base sous-marine de La Rochelle. Il n'est pas en béton armé, contrairement aux autres. Le blockhaus octogonal en bas de la même parcelle était le support d'un radar Würzburg. Celui-ci indiquait la direction aux avions de l'armée allemande. Il avait une portée de 70 km.

De ce lieu stratégique, les Allemands pouvaient détecter les mouvements des Alliés dans la Manche et diriger des raids sur le port de La Rochelle. Plusieurs centaines de soldats y étaient cantonnés et le site était défendu par des mines. La station fut évacuée le 19 août 1944. ■

Embarcadère de la Venise Verte

Rue du Port, 85420 Le Mazeau
http://www.la-venise-verte.com, 02 51 52 90 73
Balade guidée en barque 30 € pour 4 personnes

Allumer le feu sur l'eau

Dans le marais poitevin, ou Venise Verte, plusieurs embarcadères proposent des sorties guidées en barque : à Maillezais, Saint-Sigismond, Damwix ou au Mazeau. Les barques à fond plat, ou « plates », étaient le moyen de transport autrefois utilisé dans le marais. On se déplaçait, on transportait son bétail ou ses récoltes sur les canaux avec la barque traditionnelle. Aujourd'hui, les barques sont équipées de bancs et seul le guide est debout. Il déplace la barque avec sa longue perche, la « pigouille ». Le batelier connaît bien son territoire ; il révèle les secrets et l'histoire du marais. Il fait découvrir sa faune et ses frênes-têtards caractéristiques.

La spécificité des promenades en barque dans le marais, c'est le feu sur l'eau. Le guide agite sa pigouille quelques instants dans l'eau et il allume une belle flamme colorée. Ce tour de magie a son explication : les végétaux qui se décomposent dans l'eau des canaux dégagent du gaz carbonique. La vase se dépose sur ces feuilles en décomposition et des poches de méthane sont enfermées entre vase et végétaux. Les endroits les plus riches en gaz se repèrent aux bulles qui agitent la surface tranquille du canal. C'est là qu'agit le batelier. En remuant la vase, il libère le méthane, qui est très inflammable. Un briquet suffit à provoquer un feu impressionnant, mais peu durable. Une fois le gaz brûlé, la flamme disparaît. La démonstration est encore plus spectaculaire de nuit : on distingue toutes les nuances de la flamme, amplifiée par les reflets du canal.

Au Mazeau, vous pouvez aussi louer une barque que vous actionnez seul avec des rames, un canoë ou un paddle… mais seul, vous n'allumerez pas le feu ! ■

Balade en barque.

Le feu sur l'eau.

Route forestière des Verreries
Forêt de Mervent, 85200 Mervent

Les mystères de Mervent

La forêt de Mervent abrite plusieurs arbres remarquables, dont le chêne des Cinq Jumeaux, le plus spectaculaire. Près de la Maison Forestière des Verreries, transformée en gîte, des panonceaux indiquent cet arbre remarquable. L'arbre est mort en 1996, mais la sculpture de Sébastien Krampe lui a donné une nouvelle vie.

Dans une clairière se dressent cinq troncs, quasiment identiques, qui partent de la même racine. On suppose que la tige initiale de l'arbre a été cassée par un animal (un chevreuil ?) et que ces nouvelles branches sont des rejets. Déjà remarquable par cette construction naturelle, l'arbre a ensuite été mis en scène par Sébastien Krampe entre 2005 et 2007.

Le sculpteur a coupé les troncs au même niveau et les a disposés en cinq colonnes autour de la base de l'arbre. Ces colonnes sont sculptées comme des chas d'aiguille et l'une porte en son sommet un homme assis, à l'attitude accablée. Les troncs centraux présentent des bas-reliefs, taillés eux aussi à la tronçonneuse. Ils rendent hommage à la biodiversité animale de la forêt : un cerf en plein brame, un rapace, une tortue, un hibou, un écureuil, un lézard, un héron et un loup. Une place est faite aussi aux légendes : une sirène évoque la fée Mélusine tandis qu'une licorne et un serpent qui se mord la queue rappellent d'autres mythes. ■

À gauche : Les troncs sculptés par Sébastien Krampe.

À VOIR AUSSI

Le pont du Déluge
D 99A, Forêt de Mervent
85200 Mervent

La D 99A passe sur le pont du Déluge. De la route, rien de remarquable, mais si on prend le sentier (balisé en jaune) qui descend sous l'arche unique, on est impressionné par sa hauteur (22 mètres). Ce pont du XIXe siècle franchit le ruisseau des Verreries. Ce ruisseau court parmi les rochers et si un des côtés du pont est paisible, l'autre paraît bien plus tourmenté. On s'attend à voir des farfadets ou des gobelins surgir parmi le chaos rocheux qui encombre la vallée abrupte.

Maison de la Rivière

Place du Gué des Joncs, 85600 Montaigu-Vendée
https://maisondelariviere.terresdemontaigu.fr, 02 51 46 44 67
Ouvert de mai à septembre
Apéro embarqué 70 € pour 4 (location de barque incluse)
Brunch : 35 €/personne, dîner : 70 €/personne (grimpe incluse)

Mangez perchés !

La Maison de la Rivière est un moulin sur la Grande Maine. C'est un lieu d'exposition artistique en pleine nature. Chaque année, des photographies ou des installations d'art contemporain sont disposées sur les berges ou au-dessus de la rivière. On peut les admirer depuis les sentiers de randonnée ou depuis le fil de l'eau, si on loue une barque sur place.

Ci-dessus : Arche en bambou.

À droite : Tables pour les dîners perchés.

Mais ce qui fait l'originalité de la Maison de la Rivière, ce sont les repas perchés. En 2019 ont été inventés les dîners perchés : trois tables (de deux ou quatre couverts) ont été fixées dans les arbres de la rive, à 10 mètres du sol. Le repas est composé par un restaurateur du territoire, qui détient le titre de Maître Restaurateur : gastronomie garantie ! Pour 2020, une autre idée a vu le jour : les brunchs perchés. Là, il n'y a plus de table, l'esprit est plus bohème. On partage avec d'autres deux grands filets, pour huit personnes, tendus entre les branches. Les filets se trouvent eux aussi à 10 mètres du plancher des vaches. Le brunch est composé de viennoiseries, de plats salés et de boissons chaudes et froides. On accède aux filets et aux tables en grimpant à la corde (encadrement assuré). Les enfants peuvent participer à partir de 7 ans.

Pour ceux qui ont le vertige, il est possible, depuis 2017, de partager un apéritif embarqué : en soirée, on loue une barque avec un panier de produits du terroir. Quoi de plus agréable que de dériver au fil de l'eau en partageant ce moment convivial en famille ou entre amis ? Les enfants sont acceptés dès 3 ans. ■

Chêne-chapelle

Rue du chêne-chapelle La Grande Chevasse, 85260 Montréverd

Le chêne est une chapelle

La Grande Chevasse, village de l'ancienne commune de Saint-Sulpice-Le-Verdon, possède un énorme chêne qu'on dit millénaire. L'arbre mesurait 14,50 mètres de circonférence. Il est mort depuis longtemps, mais il possède une particularité : il abrite une chapelle. On voit d'abord la maisonnette blanche qui y est accolée. La première chapelle a été construite en 1911. Celle-ci est aménagée dans le cœur de l'arbre creusé par les années et les insectes. Les recherches d'Alain de Goué montrent que le chêne est attesté depuis le XIe ou XIIe siècle, sous le nom de chêne des vassaux (*quercus vassalorum*), qui aurait donné son nom à la Chevasse. Selon les archives diocésaines de cette époque, les vassaux rendaient hommage à leur seigneur sous cet arbre. Le chêne est un des plus vieux de France et il est classé quatrième pour sa circonférence.

À droite : Chapelle, extérieur.

Ci-dessous : Chapelle, intérieur.

On dit qu'au XVIIe siècle, il était déjà bien creux : deux frères sabotiers y auraient installé leur atelier. Ils disposaient alors d'un lieu de travail de 5 m^{2}. Mais au XIXe siècle, lors de la construction de la route qui passe au pied de l'arbre, une partie de ses racines furent tranchées. Cela l'affaiblit considérablement.

En 1911, le maire de la commune décida de protéger la cavité et d'y installer un oratoire dédié à Notre-Dame du Sacré-Cœur. La chapelle a été restaurée en 1949 puis totalement reconstruite en 2000. À l'intérieur, on est impressionné par la bonne conservation de l'écorce. L'autel est inséré dans le creux du chêne, qui lui sert d'écrin protecteur. Une messe est toujours organisée dans la chapelle au mois de mai, une année sur deux. Bien que la dernière branche de l'arbre soit morte au milieu des années 2000, le gros chêne garde sa prestance. ■

030-T 6

COMPAGNIE
DU
CHEMI
VOITURE - RESTAURANT
4216

Chemin de fer de la Vendée
Gare SNCF, 2 bis avenue de la Gare, 85290 Mortagne-sur-Sèvre
www.vendeetrain.fr, 02 51 63 02 01
Trajet et repas de 42 € à 84,50 €
Trajet seul de 11 € à 18 €
Ouvert de juin à septembre

L'Orient-Express en Vendée

L'association du Chemin de fer de la Vendée propose des parcours d'exception depuis 1992. Vous pouvez embarquer dans une voiture de l'Orient-Express le temps d'un déjeuner. Les wagons-restaurants au bleu profond sont les véritables voitures qui ont roulé pour l'Orient-Express, la Flèche d'Or ou le Nord Express. Elles datent des années 1920 à 1940 et ont été minutieusement restaurées pour plonger les voyageurs dans l'ambiance luxueuse et mystérieuse d'Agatha Christie. Assis dans un confortable fauteuil de velours devant une table garnie de vaisselle de qualité, vous voyagez en savourant un déjeuner raffiné, accompagné de musique.

Pour une somme plus modique, une expérience différente vous attend : vous asseoir dans les wagons tirés par la locomotive à vapeur. Le train vous conduit de la gare de Mortagne-sur-Sèvre à celle des Herbiers et fait le retour, sur un trajet pittoresque de 22 km. Pour passer les Monts de Vendée et traverser la vallée de la Sèvre nantaise, on circule sur trois viaducs qui offrent une belle vue sur le bocage. La vitesse de 30 km/h permet de ne rien manquer du paysage. La balade de 2 h 30 est commentée en gare, puis au fil du trajet. Le chef de train, comme le mécanicien et le chauffeur de la locomotive à vapeur ne sont pas avares de détails.

L'association du Chemin de Fer de la Vendée possède deux locomotives à vapeur : une 030T-6 FIVES-LILLE de 1948 et une 0307T-8143 « Hannibal » SACM de 1945. Elle fait aussi rouler deux locomotives diesel de 1953 et 1963 (qui tractent les wagons-restaurants) et un autorail Picasso (1952) qui peut être privatisé pour une visite de groupe. ■

Ci-dessus : Blason de l'Orient-Express.

À gauche, en haut : Locomotive à vapeur.

À gauche, en bas : Wagons de l'Orient-Express.

Monument Guilbaud
Rue du Stade, 85640 Mouchamps

Un Vendéen compagnon d'Amundsen

Près de l'ancienne gare transformée en logements, sur une aire aménagée pour le pique-nique, un monument attire le regard : il s'agit d'un avion de béton au nez planté dans le sol. C'est une sculpture des frères Joël et Jean Martel, des artistes vendéens (1896-1966). Les jumeaux Martel suivent le style Art déco. Le monument date de 1930 et est réalisé en béton, le matériau phare de l'époque. Il représente l'hydravion du commandant Guilbaud qui s'est écrasé en 1928 près du pôle Nord. L'avion stylisé en formes géométriques est planté verticalement dans le sol. Ses ailes parfaitement rectangulaires sont parallèles au soubassement dans lequel s'enfonce le nez arrondi de l'appareil. Le fuselage se termine en flèche verticale. Ainsi disposé, l'avion évoque une croix la tête en bas.

Au centre de la sculpture, dans l'alignement du fuselage, le commandant Guilbaud est représenté debout, très digne, revêtu de son uniforme. Sa veste est légèrement agitée par un vent invisible. Les bras le long du corps, René Guilbaud a le regard fixé sur l'horizon. Au centre des ailes, l'histoire de cet enfant du pays est gravée sur deux plaques grises, contrastant avec la blancheur du monument.

René Guilbaud est né à Mouchamps en 1890. Il est entré dans la Marine nationale et a demandé à rejoindre l'aviation maritime. Après de brillantes missions en Afrique, il est choisi en 1928 pour piloter l'équipe de sauvetage qui vient à la rescousse du général Nobile, dont le ballon s'est écrasé près du pôle Nord. L'hydravion Latham 47 part de Caudebec-en-Caux en Normandie (un autre monument commémore ce départ sur place). L'appareil a à son bord l'explorateur danois Roald Amundsen, qui disparaîtra avec tout l'équipage de l'hydravion le 18 juin 1928. ■

À droite : Monument réalisé par les frères Martel.

Drôles de trognes

Réserve biologique départementale Les Huttes, 85370 Nalliers
http://www.sitesnaturels.vendee.fr/reservenalliers.html
02 51 97 69 80
Visite libre et gratuite toute l'année ; guidée d'avril à fin octobre

Qu'est-ce qu'elle a, ma trogne ?

La réserve biologique départementale de Nalliers protège 146 hectares de marais mouillé, au nord du Marais poitevin ou « Venise verte ». Une partie de cet espace est vouée à la protection de la biodiversité. L'autre partie est consacrée à l'éducation au paysage et son histoire. Deux circuits de randonnée parcourent la réserve naturelle avec des panneaux explicatifs : le sentier des huttiers et celui, plus long, des naturalistes. Des visites guidées et des ateliers sont aussi organisés. La Maison de la Réserve présente les lieux au travers d'une exposition et d'une vidéo préalables à la visite.

Le paysage a été façonné par les huttiers, les paysans qui vivaient dans ce marais mouillé. Les parcelles, de petite taille, sont délimitées par des canaux. La circulation des hommes et des animaux qui pâturaient se faisait en barque. Certaines parcelles sont dévolues aux trognes. Ce sont des arbres têtards qu'on émondait régulièrement. La particularité des trognes du marais de Nalliers est leur petite taille et leur nombre.

Les frênes têtards sont les arbres emblématiques du Marais poitevin depuis le XIXe siècle. Mais ceux de Nalliers sont particuliers : ils étaient taillés très bas (80 cm environ) pour plus de commodité. Et les agriculteurs ne se contentaient pas des arbres qui bordaient leurs prés. Ils plantaient des parcelles entières, qu'on nommait les terrées. Les arbres étaient émondés tous les sept à dix ans ; leurs branches étaient utilisées en bois de chauffage ou pour fabriquer des manches d'outils. La promenade permet de découvrir aussi une hutte reconstituée : c'est un abri de roseaux, où l'on peut se tenir debout. Il pouvait servir à ranger les outils ou à abriter le bétail. ■

Ci-dessus : Frêne-têtard.

À droite : Alignement de trognes sur une terrée.

Kulmino

La Grande Croix, Route du Perrier 85690 Notre-Dame-de-Monts
www.kulmino.fr, 02 51 58 86 09
Tarif : 5 €, de 6 à 18 ans : 4 €
Ouvert de mars à fin octobre

Découverte au sommet

Ce château d'eau en activité n'a rien d'insolite, vu de l'extérieur : c'est une tour surmontée d'une cuve en forme de coupe de champagne. Mais celui-ci se visite. En 1982, une salle panoramique a été aménagée à son sommet, à 70 mètres de haut. De la plateforme sommitale, on peut admirer un paysage très large à 360° : les marais, puis les forêts de pins, le rivage, l'île de Noirmoutier et celle d'Yeu au large. Des tables d'orientation permettent de se repérer facilement. Depuis 2009, deux autres salles ont été ouvertes au public dans le château d'eau. Elles hébergent des expositions permanentes, sur le thème de l'eau, bien entendu. On y découvre le trajet de l'eau et ses traitements de la source jusqu'au robinet, puis comment se déroulait le quotidien de nos grands-parents, avant l'arrivée de l'eau courante.

Des animations sont régulièrement organisées : on apprend le maniement des jumelles, la lecture de paysages et on fait des expériences autour de l'eau. Les 5 000 m^3 d'eau contenus dans la cuve de Kulmino proviennent du barrage d'Apremont. L'eau est traitée dans l'usine pour la rendre potable, puis elle monte dans le château d'eau tout proche et fait ensuite le trajet jusqu'à Notre-Dame-de-Monts par gravité. Elle a alors pris suffisamment de vitesse pour se hisser au sommet du château d'eau par sa seule force, sans être pompée.

Kulmino possède une seconde particularité : l'édifice de béton est éclairé la nuit et sa couleur indique la météo du lendemain – s'il est vert, le beau temps est assuré ; s'il est orange, la météo sera mitigée ; s'il est rouge, le mauvais temps est certain. ■

À droite : Le château d'eau.

Les Mariés du Poiré-sur-Vie de Raphaël Toussaint. Œuvre originale issue du Catalogue Raisonné de l'auteur, reproduite avec son aimable autorisation Tableau catalogué HB665

Le Moulin à Élise

5 place du Marché, 85170 Le Poiré-sur-Vie

Hommage à Raphaël Toussaint

Au centre de l'agglomération, un pignon de maison, à la porte de la mairie, est habillé d'une grande fresque murale. Il s'agit des *Mariés du Poiré-sur-Vie*. C'est un agrandissement du tableau du peintre local Raphaël Toussaint. Le tableau d'origine mesure 61x50 cm ; c'est une huile sur bois peinte en 1989. La fresque l'agrandit 480 fois. Les ateliers Chenu ont réalisé ce travail à la demande du maire de la commune, Léon Darnis, en 1990. Le peintre a lui-même supervisé la réalisation de la fresque.

Les enfants du peintre sont figurés se dirigeant vers le moulin à Élise. Le tableau, empli de détails, dégage une atmosphère bucolique et romantique. Au premier plan, les mariés s'éloignent en se tenant par le bras. Ils sont de dos, sur un chemin bordé de frênes, et marchent vers l'avenir. Le paysage qui s'offre à leurs yeux montre des paysans aux champs dans l'herbe bleutée, des pêcheurs à la ligne, un laboureur qui sème, un autre homme qui taille, un couple en promenade au bord de l'eau… Le bocage déroule ses haies et ses barrières de bois. On retrouve dans cette peinture toute la précision dont est friand Raphaël Toussaint, qui a à cœur de représenter les paysages de son département.

Le moulin à Élise, représenté sur la fresque, est un des bâtiments patrimoniaux de la commune. Il se situe à la sortie de l'agglomération. Le moulin de rivière date de 1867 et a fonctionné jusqu'en 1954. La commune l'a racheté en dans les années 1980 et a réalisé l'actuel plan d'eau. Aujourd'hui, le moulin, remis dans son état de 1900, se visite et moud sa farine. Le terrain qui l'entoure est aménagé en lieu de promenade et de détente avec des jeux pour les enfants et une crêperie y est ouverte en saison. Son nom vient des propriétaires du début du siècle : Élise et Arsène Ferré. ■

À droite : Fresque murale.

Esplanade Saint-Jacques
85700 Pouzauges

Une cour de création et récréation

L'esplanade Saint-Jacques a été aménagée en 2015. C'est un jardin public en terrasses, situé derrière l'église du même nom, dans la partie haute de la ville. Ce jardin a été réalisé à la place de l'ancien cinéma du foyer paroissial qui datait de la Seconde Guerre mondiale et était resté en activité jusqu'en 2005. Ce lieu convivial a donc été remplacé par un espace de rencontres où des spectacles sont organisés. Avec ses larges terrasses, l'esplanade Saint-Jacques est aussi conçue pour recevoir des manifestations : représentation de théâtre, apéro conté, concert… La terrasse offre une belle vue sur l'église qui la surplombe.

Dans des espaces plus intimes du jardin, bordant la grande terrasse, des jeux de société ont été réalisés sur des billots de bois. On y trouve un jeu de morpion, un damier et un awalé gravés dans le bois. Chaque jeu est accompagné d'un panneau qui rappelle les règles. On peut donc s'asseoir et jouer avec des petits cailloux comme jetons. Ces jeux écologiques et immuables tissent un lien entre les générations.

De l'autre côté de la terrasse, le regard est attiré par l'immense téléphone à tuyaux rouge qui s'enroule et se contorsionne sur sa structure, tel un grand serpent ayant grimpé dans un arbre. Installé par l'équipe technique de la commune, il rappelle que Pouzauges accueille tous les étés la manifestation Jard'in'Arts : depuis 2015, des artistes contemporains sont invités en résidence durant une semaine au mois de juillet. Ils réalisent leurs créations dans l'espace public et initient les visiteurs. Après le rassemblement des artistes, leurs œuvres restent en place et surprennent les visiteurs tout au long de l'année. Puis, fin août, une semaine d'ateliers et de découvertes artistiques permet à chacun de mettre la main à la pâte. ■

À gauche, en haut : Damier.

À gauche, en bas : Le téléphone à tuyaux.

Ci-dessous : Les jeux de plateau.

Sanctuaire de La Salette
85250 La Rabatelière

Un jardin de prière

À flanc de coteau, l'abbé Hillairet (en charge de La Rabatelière de 1873 à 1908) a fait réaliser un sanctuaire très original entre 1883 et 1893. Le curé veut relancer la dévotion de ses ouailles en célébrant l'apparition de la Vierge à deux bergers de La Salette, dans les Alpes, en 1846.

À droite : Monument de la croix de Jérusalem.

Ci-dessous : Le Rosaire et le Triomphe de la Croix.

Un jardin est donc aménagé dans la pente avec des allées et des massifs, des rampes et des escaliers. Sur un coteau abandonné de lande et de broussailles est plantée une végétation méditerranéenne : yuccas, palmiers, pins et cèdres. Une des entrées est soulignée par une arcade monumentale. Les constructions sont constituées de briques et de pierres de schiste

qui forment de beaux contrastes. Trois groupes de statues sont placés le long de la pente ; ils représentent la Vierge de La Salette apparaissant aux deux enfants. Un Monument à la Vierge est couronné d'une statue de Notre-Dame.

Le monument au Rosaire, avec ses seize stations, se compose de stèles blanches échelonnées sur le versant du coteau. Chacune est enchâssée dans une demi-tourelle de briques. La montée s'achève par le Triomphe de la Croix. Cette tour abrite une chapelle dédiée à la Vierge. De forme pyramidale, décorée de tourelles d'angles qui se superposent, elle est surmontée par une grande croix.

Dans une autre partie du sanctuaire, un chemin de croix en lacets mène au Monument de la Croix de Jérusalem. Cette tour imposante a l'allure d'un donjon : de plan carré, elle comporte des meurtrières, des créneaux et des tourelles. La chapelle à sa base est aménagée comme une grotte.

L'ensemble a été construit par les habitants de la paroisse. C'est un témoignage de la dévotion importante qui existait à la fin du XIXe siècle. Le lieu reste vivant : un pèlerinage est toujours organisé le premier dimanche de septembre. ■

À SAVOIR

La Roche-sur-Yon, ville nouvelle

La ville a été créée en 1804 par Napoléon pour réorganiser la Vendée après les terribles Guerres de Vendée. À la place du bourg existant, il a donc fait construire une ville en damier. Le centre en est la place Napoléon, rectangle d'où partent des avenues perpendiculaires. Devenue préfecture, la ville a reçu un lycée, un tribunal, un hôpital, une place d'armes, et a pris le nom de Napoléon.

Les Animaux de la Place

Place Napoléon
85000 La Roche-sur-Yon

Et les animaux s'éveillèrent

En plein centre de la ville, les bassins de la place Napoléon abritent d'étranges créatures depuis 2013. Au milieu des poules d'eau et des canards qui vaquent à leurs affaires, des animaux mécaniques prennent vie à toute heure de la journée.

En rappel de l'expédition d'Égypte de Napoléon, on peut admirer le dromadaire ou l'hippopotame, les grenouilles ou la chouette chevêche, les flamants roses ou l'ibis sacré, la loutre ou la perche du Nil… Treize animaux sont manipulés depuis le bord des bassins par le public qui s'installe aux pupitres dédiés à chaque sculpture de bois et d'acier.

Ces créatures fantastiques ont été réalisées par la compagnie La Machine, dirigée par François Delaroziere, qui a créé les Machines de l'Île à Nantes ou le Manège du Carré Sénart. La place elle-même a été aménagée de façon paysagère par l'architecte Alexandre Chemetoff. L'espace central, rendu aux piétons, est très agréable avec ses arbres et ses bassins plantés de roseaux et de nénuphars. ■

À VOIR AUSSI

Stèles musulmanes

Cimetière du Point du Jour
Place du Point du Jour
85000 La Roche-sur-Yon

Le carré des soldats du cimetière abrite six tombes musulmanes dans l'espace des morts du 24e régiment de tirailleurs tunisiens. Ce régiment était basé à La Roche-sur-Yon. Deux tombes arborent une stèle verticale ornée d'un croissant. Les autres, plus simples, sont décorées d'un damier vert et blanc.

Dromadaire.

Hippopotame.

Grenouilles.

Ibis.

Flamants roses.

Simulateur de vol en chute libre

Aérodrome des Ajoncs, 85000 La Roche-sur-Yon
www.flydust.fr, 07 62 90 17 58
Tarif adulte à partir de 67 € ; enfant à partir de 45 €

Voler en toute liberté

Le simulateur de vol en chute libre Flydust a ouvert en 2020 sur l'aérodrome des Ajoncs à La Roche-sur-Yon. Ivan, moniteur de parachutisme chevronné, et Élodie, vice-championne de parachutisme freestyle, vous apprennent à voler comme un oiseau dans leur soufflerie.

Le vol en chute libre est accessible de 5 à 60 ans et il n'est pas nécessaire d'être un grand sportif pour tenter l'expérience. Plusieurs formules sont proposées, selon l'âge et la forme physique. De 5 à 10 ans, les vols en soufflerie Minidust permettent aux plus jeunes de découvrir le plaisir de planer comme l'oiseau, en toute sécurité. Dès 10 ans, l'option Tornade propose deux vols pour se familiariser aux sensations éprouvées, puis un vol en autonomie pour le plaisir. Des vols double-durée sont adaptés aux personnes les plus toniques. On peut aussi voler à plusieurs pour plus de fun.

La chute libre se compose d'abord d'une formation théorique, avec un vol de démonstration de l'animateur pour assurer la sécurité du stagiaire, puis on entre dans la chambre de vol où l'animateur corrige la position du corps. Enfin, une fois l'anxiété dépassée dans un premier essai, l'heure est au vol autonome. La soufflerie est placée en extérieur et ses parois transparentes donnent l'illusion qu'on vole en plein air. Le vent produit par la soufflerie dépasse les 200 km/h. Il permet donc de décoller du sol et de voler. On peut s'élever dans la structure vitrée jusqu'à 6 mètres d'altitude. Cette activité procure une bonne décharge d'adrénaline et des sensations incroyables.

À droite, en haut : Vol en soufflerie.

À droite, en bas : Instructions avant le vol.

Une formation de parachutisme est aussi proposée pour ceux qui veulent aller plus loin et planer en toute liberté dans le ciel. ■

L'île Penotte
85100 Les Sables-d'Olonne
www.ile-penotte-lessablesdolonne.com

Musée de rue

Le quartier de l'île Penotte, aux Sables-d'Olonne est un ensemble traditionnel de maisons de pêcheurs groupées autour de ruelles étroites. Piétonnier, il est agréable à vivre, mais ce qui le rend insolite, c'est la décoration de ses façades. Les murs blancs se couvrent peu à peu de décors de coquillages. Depuis 1997, la « Dame aux Coquillages », Danièle Arnaud-Aubin, décore ainsi le paysage urbain de son quartier. Le matériau utilisé par l'artiste comprend des coquillages locaux

Ruelle de L'île Penotte.

comme les moules, les bigorneaux, les coquilles Saint-Jacques et les huîtres. Elle utilise aussi des coquillages plus exotiques pour varier les formes et les couleurs.

Les plaques de rue comme les linteaux de porte sont soulignés de moules et de coquilles Saint-Jacques, mais de véritables tableaux sont aussi réalisés. Danièle Arnaud-Aubin crée des bouquets et des pots de fleurs, des animaux (rats, chouettes, mouettes, chauves-souris, dauphins), des paysages comme ces fonds marins où évoluent gracieusement des méduses, une raie et un hippocampe. Un autre mur porte une vue de la banquise antarctique avec manchots et phoque. Elle s'inspire aussi de la mythologie et a réalisé une belle effigie de Neptune, reconnaissable à son trident brandi. On rencontre les sirènes d'Ulysse, l'hydre de Lerne avec ses sept têtes, combattue par Hercule, ou un vampire inspiré de Nosferatu. Des tableaux représentant la mer et les bateaux sont également installés le long des venelles. ■

À VOIR AUSSI

La rue la plus étroite du monde

Rue de l'Enfer
85100 Les Sables-d'Olonne

La rue de l'Enfer est une ruelle qui relie la rue des Halles et celle de la Patrie. Sa particularité est d'être classée au Livre Guinness des Records, depuis 1987, comme la rue la plus étroite du monde. En effet, dans sa partie la plus resserrée, elle ne mesure que 40 centimètres de large.

Ci-contre : En pleine intervention.

À droite, en bas : Medecin militaire allemand.

À VOIR AUSSI

Le Puits d'Enfer
Boulevard de Lattre de Tassigny
85100 Les Sables-d'Olonne

Au sud de la plage des Sables-d'Olonne, la côte rocheuse s'ouvre en une faille impressionnante. L'entaille verticale est perpendiculaire à la côte. Elle mesure 20 mètres de long pour 3 mètres de profondeur. On dit que « tout ce qui tombe dans le Puits d'Enfer y disparaît pour toujours ». À marée haute, les vagues y font un vacarme infernal.

Musée du blockhaus-hôpital
Rue de Verdun, 85100 Les Sables-d'Olonne
www.blockhaus-sables.com 02 51 32 80 12
Tarif adulte : 8 € ; enfant : 6 €

L'hôpital militaire allemand

Les blockhaus sont nombreux sur la côte atlantique, vestiges des fortifications édifiées par les Allemands durant la Seconde Guerre mondiale. Pourtant, le blockhaus-hôpital des Sables-d'Olonne est un bâtiment unique : c'est le seul blockhaus-hôpital de France que l'on peut visiter. En parfait état, cette construction de 1943 compte vingt

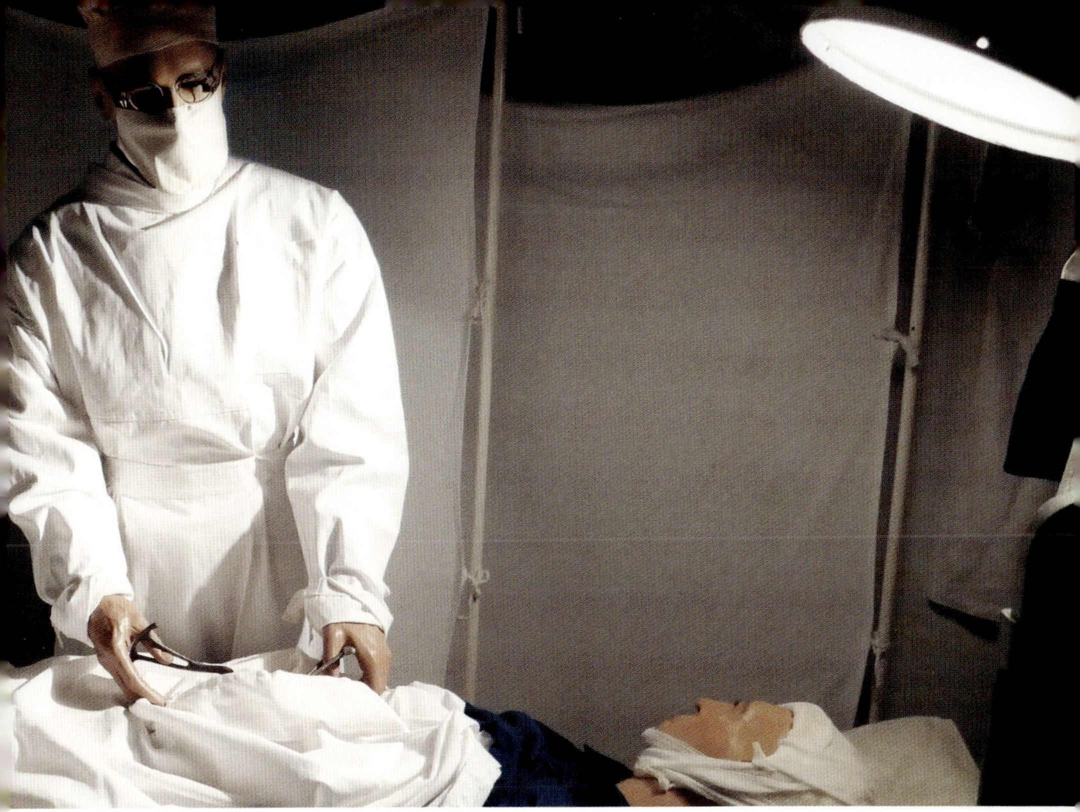

pièces, enterrées à 4 mètres de profondeur. Chacune comporte son mobilier et son matériel d'époque. Le musée a ouvert en 2017, grâce à Luc et Marc Braeuer, qui ont collecté des objets d'époque, recensé des témoignages et fait les recherches nécessaires pour reconstituer l'histoire du blockhaus.

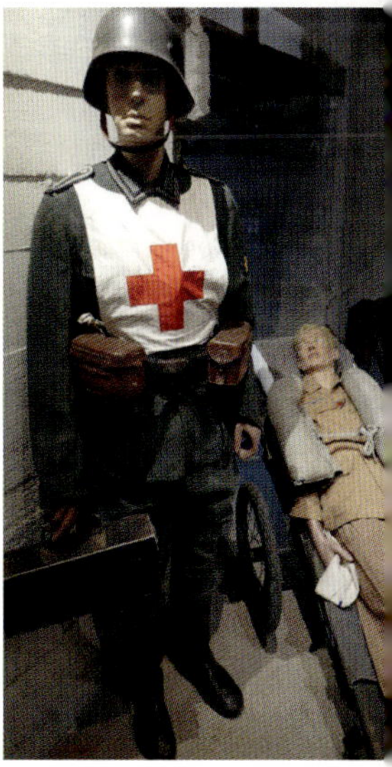

Le musée retrace les événements de la guerre aux Sables-d'Olonne et plus largement dans la région avec des photos, un film, un jeu de piste pour les plus jeunes et des scènes représentées par des mannequins.

Le blockhaus des Sables-d'Olonne a servi durant le mois d'août 1944. Une centaine de soldats allemands blessés lors de bombardements alliés ou de batailles navales y a été soignée. Deux médecins et quatre infirmières de l'armée allemande travaillaient sur place. Du matériel médical est mis en situation dans le musée, notamment un appareil pour détecter le métal dans les blessures. ■

Le Palet de Gargantua
La Belle Étoile, 85540 Saint-Benoist-sur-Mer

Un beau lancer

Ce mégalithe est situé près de la D 46. Menhir renversé, il est nommé aussi « Pierre Couchée ». Long de 5 mètres, il est large de presque 2 mètres. Selon la légende, cette énorme pierre est un palet lancé par le géant Gargantua lors d'une partie engagée contre le Diable.

Le jeu de palet est couramment pratiqué en Vendée, entre amis ou en championnat. Il s'agit d'un jeu de lancer de précision, proche de la pétanque. On y joue en deux équipes, mais les boules y sont remplacées par des palets : des disques de fonte ou de laiton. Les palets sont de taille identique, sauf un, plus petit, nommé le « maître », qui fait office de cochonnet. On jette les palets sur une plaque de fonte ou de bois. L'équipe gagnante est celle qui le plus grand nombre de palets au plus près du maître. Les palets ne comptent que s'ils restent sur la plaque.

On raconte que Gargantua défia le Diable. Le géant lança six dolmens autour du Bernard et son adversaire cinq menhirs. Gargantua était donc gagnant, ce qui mit le Démon en rage. Le géant jeta alors la Pierre couchée de Saint-Benoist-sur-Mer et la Table du dolmen du Grand-Bouillac, à Jard-sur-Mer, tandis que le Diable avait à son actif les trois pierres des Minches (la minche étant le but, en patois) et le roi des menhirs à Avrillé.

Un rite avait lieu à la Pierre couchée : on posait une poignée de trèfles sur la pierre pour se protéger du Cheval Malet, ce cheval démoniaque qui noyait ses imprudents cavaliers. ■

À VOIR AUSSI

Le lapin qui fume

Sur le toit de l'église, une étrange sculpture interpelle les passants : un lapin fumant la pipe. C'est peut-être la représentation d'une légende : un sculpteur surnommé Lapin fumait continuellement la pipe. Un jour, il prit la mer et ne revint jamais auprès de son aimée qui l'attendit pourtant longuement en fumant cette pipe qu'il lui avait laissée. Elle mourut le jour où la dernière sculpture, un lapin fumant sa pipe, fut vendue.

À droite : Le palet de Gargantua.

Pyramide funéraire
Cimetière, 85670 Saint-Christophe-du-Ligneron

Un tombeau pharaonique

Le cimetière de Saint-Christophe-du-Ligneron, en sortie du bourg, ne présente pas d'originalité à première vue. Cependant, il comporte une tombe impressionnante, bien placée, en face de l'entrée. Une chapelle en forme de pyramide y abrite trois pierres tombales. La chapelle, haute de 7 mètres, domine largement les croix qui l'entourent. Sa masse en impose et affirme l'importance de la famille qu'elle abrite. Elle reproduit exactement une pyramide, de taille réduite, tout en pierres taillées dans du granit local. Elle a été construite en 1852.

Une petite grille blanche ouvragée, dans un bel encadrement de pierres, permet de pénétrer dans la pyramide. Le linteau gravé de sa porte arbore fièrement le nom de la famille qui fit édifier la pyramide : la famille Guinebauld de La Grossetière (ou Grostière). Le père de famille, Luc (1806-1856), était conseiller général du canton de Palluau sous la IIe République (1848-1852). Il a choisi cette forme inhabituelle en hommage à ses fils, qui ont tous deux voyagé en Égypte. Ce choix montre l'éblouissement lié à la découverte des monuments égyptiens. On peut aussi y voir un soupçon de mégalomanie… ■

À gauche : Tombeau de la famille Guinebauld de La Grossetière.

À VOIR AUSSI

Marche de garde champêtre
Place de l'église
85670 Falleron

Une modeste construction de pierre s'appuie sur le mur nord de l'église. Il s'agit d'un perron de trois marches en granit, adossé à l'église. Le garde champêtre montait sur ce piédestal pour annoncer les nouvelles, face au public qui s'assemblait sur la place. Ainsi, on pouvait voir l'homme qui dispensait les nouvelles, quelle que soit l'affluence. La marche est située non loin de la sortie de l'église, sous le vitrail. Une autre marche de garde champêtre, la Pierre des annonces, se trouve à l'église de La Chapelle-Achard.

Parc floral de la Court d'Aron
4 rue Benjamin Fillon, 85540 Saint-Cyr-en-Talmondais
www.lacourtdaron.com, 02 28 14 11 10
Ouvert d'avril à novembre
Tarif adulte : 11,50 € à 13 €, enfant : 7 €

La musique de la nature

Ci-dessus : Guitare.

À droite, en haut : Xylophone.

À droite, en bas : Piano.

Le parc floral de la Court d'Aron propose un véritable tour du monde des plantes. Il présente des végétaux originaires des cinq continents : on y admire des bananiers, des eucalyptus, des bambous et des palmiers, des orchidées et des cactus. Le parc s'étend sur 10 hectares. Le visiteur passe du jardin aquatique à la vallée musicale, de la serre des cactées au jardin de curé. Une serre tropicale protège les fragiles orchidées et les fougères arborescentes. Le parc possède une très belle collection de lotus sur un grand lac. Les lotus sont célébrés tous les étés lors d'une fête animée par des groupes de Polynésie. Un village polynésien s'installe alors deux semaines dans le parc. Il propose des animations et des ateliers pour partager le patrimoine tahitien. On peut découvrir les costumes, la musique et les danses, ainsi que la cuisine de ces îles lointaines.

La plus grande originalité du jardin floral est la sculpture végétale. On rencontre dans le jardin une tête géante, entièrement verte, aussi paisible qu'un bouddha. Plus loin, une guitare de verdure repose dans un massif. Un piano à queue est réalisé à un autre endroit. Un saxophone se dresse au bord d'une allée. Un xylophone est dessiné dans un parterre, entre fougères et bégonias, et une portée de notes de musique complète la collection.

L'accent est mis sur la biodiversité et le respect de la nature. C'est un parc écoresponsable qui n'utilise pas de traitement chimique. Un rallye et un labyrinthe permettent, par des énigmes, de découvrir la diversité et la richesse de la nature. Un parcours sensoriel est aussi proposé. ■

900
800
700
600
500
400
300
200
100
0
BERKEL
MERCI DE
NE PAS TOUCHER
BERKEL

Musée des ustensiles de cuisine anciens

Place George Clemenceau, 85170 Saint-Denis-la-Chevasse
www.musee-ustensiles-cuisine-anciens.fr, 07 57 45 75 69
Ouvert de mai à fin octobre et sur rendez-vous
Tarif adulte : 4 € ; enfant ; 2 €

La cuisine de nos grands-mères

Le musée des ustensiles de cuisine anciens de Saint-Denis-La-Chevasse est unique en France. Il réunit plus de 1 500 objets liés à la cuisine, pour la plupart utilisés entre 1850 et 1950 – mais on en découvre de plus anciens encore. Le musée a été créé et est géré par les bénévoles de l'association du musée. Il a ouvert ses portes en 1998 et propose six salles à la visite.

Le classement des ustensiles dans le musée est thématique. La première salle met en scène la cuisson des aliments : à la cheminée d'abord, puis sur des fourneaux anciens. La deuxième salle présente les ustensiles en aluminium, qui ont facilité la vie des cuisinières entre 1925 et 1950, avec le développement du gaz et de l'électricité. Ensuite, le visiteur découvre les autocuiseurs et les cocottes, les hachoirs et les marmites. Une autre salle met en valeur la pâtisserie ainsi que les ustensiles qui ont trait au café ou à la transformation du lait. Ensuite, il est question de conservation (au sel, par stérilisation, par séchage, en confiture…). Enfin, la visite conclut avec l'exposition des cuisines-jouets des petites filles. Ces dînettes du début du XXe siècle sont la reproduction des ustensiles utilisés ■

À SAVOIR

Espace Gaston Chaissac

1 rue de la Scierie Sainte-Florence, 85140 Essarts-en-Bocage
Ouvert toute l'année
Tarif adulte : 4,50 € ; enfant : 3 €

Gaston Chaissac (1910-1964) est peintre, sculpteur et poète. Il suit sa femme lorsqu'elle est nommée à l'école primaire de Sainte-Florence. C'est là qu'il commence à peindre ses personnages colorés, dans les toilettes de l'école. Il n'a pas de formation artistique mais est encouragé à pratiquer par le peintre allemand Otto Freundlich. L'Espace Gaston Chaissac met en scène ses œuvres étonnantes.

Ci-contre : Ustensile exposé au musée.

À gauche : Balance d'épicerie Berkel.

Chapelle Notre-Dame des martyrs du Bas-Poitou
La Tullévrière, 85670 Saint-Étienne-du-Bois
Ouvert tous les jours de 9 h à 18 h

La chapelle de l'abbé Ténèbre

Ci-dessus : Chapelle, extérieur.

À droite : Croix de la chapelle.

Ci-dessous : Vitrail de la construction.

Le hameau de La Tullévrière se trouve sur le circuit commémoratif « Charette ». Une chapelle très simple y a été érigée pendant la Terreur, par les habitants du lieu, sous la direction de leur curé. Celle d'aujourd'hui date de 1836, avec des vitraux de 1874. Ces vitraux reprennent l'histoire de l'abbé Alexandre Ténèbre (1742-1822), prêtre réfractaire qui célébrait des messes clandestines. Ayant refusé de prêter serment à la République lors de la constitution civile du clergé, il était devenu hors-la-loi, comme les trois-quarts des prêtres de Vendée. Au lieu de s'exiler, il continua à exercer son sacerdoce clandestinement, dans des maisons amies ou en plein air. Le 1er mars 1794, le prêtre disait la messe autour du calvaire de La Tullévrière lorsque les Colonnes infernales du général Turreau massacrèrent les habitants des environs. Vingt-deux habitants de la commune furent tués ; leurs noms figurent sur une plaque commémorative dans la chapelle. Mais les soldats républicains ne vinrent pas jusqu'au hameau. En souvenir de cet événement, l'abbé fit construire la chapelle à l'endroit où se tenait le calvaire et il y dit la première messe le 29 décembre 1794.

La girouette d'aujourd'hui, ornée d'une croix et d'un coq, reprend le dessin de la croix du calvaire. Les vitraux en grisaille, réalisés par les ateliers Meuret-Lemoine de Nantes, représentent la construction de la chapelle par les paysans, la messe clandestine pendant le massacre, une messe où le prêtre encourage les chefs de la résistance vendéenne. Devant la chapelle, une statue d'Henri Murail représente l'abbé Alexandre Ténèbre.

C'est un haut lieu de la commémoration vendéenne, le premier à avoir été construit. Un pèlerinage s'y réunit tous les ans à la mi-septembre. ■

Tombe du Dr Baudouin
Cimetière de Croix-de-Vie
Rue Jean Ingoult, 85800 Saint-Gilles-Croix-de-Vie

Passionné jusque dans la tombe

Le Dr Marcel Baudouin (1860-1941) a été enterré à Saint-Gilles-Croix-de-Vie, d'où il était originaire. On reconnaît facilement sa tombe : il s'est fait inhumer dans un sarcophage mérovingien et a fait ériger un menhir à proximité. Le sarcophage provient de la commune de Givrand. Le menhir était situé à La Tonnelle, sur la commune de Saint-Hilaire-de-Riez. Échouant à le faire classer, le Dr Baudouin l'a acheté pour le faire implanter près du caveau de sa famille.

Érudit local, Marcel Baudouin était médecin, mais aussi connaisseur en archéologie comme en botanique et rédacteur dans un journal médical. Il contribua à fonder la Société Préhistorique Française dont il fut secrétaire général. Il a également inventorié de nombreux sites préhistoriques et historiques dans toute la Vendée : il a fouillé des dolmens à l'île d'Yeu en 1907, ceux du Bernard en 1916, a reconnu le polissoir de Cheffois en 1911, a pratiqué des fouilles à Bazoges-en-Pareds et à Saint-Michel-en-l'Herm… Il s'est également intéressé au folklore de sa région. ■

À SAVOIR

L'Atelier de la Sardine
1 chemin des Gabelous
85800 Saint-Gilles-Croix-de-Vie
www.laperledesdieux.com
02 51 55 68 08
Fermé novembre et janvier
Gratuit

L'Atelier, ouvert depuis 2018, est un musée de la pêche et la conserverie de la sardine. L'usine Gendreau y présente l'histoire de la pêche et des ouvrières de la conserverie. Une salle d'exposition met à l'honneur des artistes contemporains. La boutique complète l'ensemble. La sardine est l'emblème de Saint-Gilles-Croix-de-Vie, labellisé Site Remarquable du Goût pour ce produit.

À gauche : Tombe du Docteur Baudouin.

À VOIR AUSSI

Mur en pierres de lest
Rue Abel-Pipaud
85800 Saint-Gilles-Croix-de-Vie

Les murs de clôture des propriétés sont composés de pierres de Suède, d'Irlande, du Danemark, d'Écosse… Ce sont les pierres de lest qui servaient aux navires étrangers. Une fois la traversée de la mer effectuée, les bateaux déchargeaient ce poids inutile pour remonter la Vie.

La Bourrine du Bois Juquaud
A47 chemin du Bois Juquaud, 85270 Saint-Hilaire-de-Riez
02 51 59 94 07
Ouvert de juillet à septembre
5€, de 6 à 18 ans : 3€

Une fermette d'autrefois

Ci-dessus : La remise.

À droite, en haut : La pièce de vie.

À droite, en bas : Les bâtiments de la fermette.

On aperçoit parfois, au détour d'une petite route du marais, une bourrine : une de ces petites fermes basses aux murs en torchis blanchis à la chaux et aux toits de roseaux. Le nom lui-même vient de cette couverture, « bourriner » signifiant en patois « couvrir de roseaux ». L'ensemble de la bourrine du bois Juquaud est très complet et parfaitement mis en valeur. Il comprend plusieurs bâtiments : l'habitation de deux pièces, la laiterie, la grange, le poulailler et la remise. Construite en 1818, l'exploitation a été habitée jusqu'en 1967 par Amandine Grandemer, qui y vivait sans eau ni électricité.

Rachetée par la commune à son décès, la bourrine a été remise en état et devenue un écomusée, dans un site naturel sensible. On y présente une habitation au sol de terre battue, meublée et emplie des objets du quotidien. Les bâtiments agricoles comportent leurs outils. L'étable a un sol empierré de galets ronds pour faciliter le nettoyage. Le poulailler est aménagé avec ses pondoirs et ses perchoirs. On se représente donc parfaitement la vie dans une petite ferme traditionnelle du marais.

La visite commence par un film qui montre la construction d'une bourrine : préparation du terrain, malaxage de la terre avec de la paille pour construire les murs, pose de la charpente, coupe et préparation des roseaux du toit, plantation des figuiers de Barbarie sur le faîte. Puis on entre dans la cour. Seules la maison et la laiterie sont chaulées, à des fins d'hygiène. Les autres bâtiments restent en terre crue. Le visiteur est transporté au début du siècle. Pour parfaire l'illusion, des démonstrations de savoir-faire anciens sont régulièrement organisées. ■

Les cinq Pineaux

Route de la Corniche
Sion sur l'Océan, 85270 Saint-Hilaire de Riez

Le Diable ne s'échappera pas

La corniche vendéenne est la seule côte à falaises de Vendée (avec la côte sauvage de l'île d'Yeu). Tranchant avec les dunes et les longues plages de sable fin qu'on trouve généralement dans le département, cette partie du rivage entre Saint-Gilles-Croix-de-Vie et le nord de Saint-Hilaire-de-Riez arbore des roches compressées, plissées et érodées

Les cinq Pineaux.

par le vent et la mer. Cette corniche est l'ancien rivage de l'île de Riez, depuis longtemps rattachée au continent. La roche est composée de schistes et de grès. Elle est très friable et recule face à l'océan. Elle comporte plusieurs rochers aux formes évocatrices.

En avant du trait de côte, sur l'estran rocheux, se dressent cinq formes massives face à l'océan. Ces rochers à la base érodée ressemblent à des chicots de géant ou à des personnages guettant l'horizon ou le rivage. De taille inégale, ils sont parfaitement alignés, comme s'ils gardaient la côte. La légende en a fait cinq moines gardiens. Ceux-ci surveilleraient le Diable, qu'ils auraient enfermé dans une grotte de la falaise, l'empêchant ainsi de faire le mal. Le nom de « pineaux » qu'on a donné à ces rochers vient du patois « pen », qui signifie tête. ■

À VOIR AUSSI

Le trou du Diable
Route de la Corniche
Sion sur l'Océan
85270 Saint-Hilaire-de-Riez

Un peu plus au sud, cette autre curiosité naturelle attire le regard : le trou du Diable. Dans la falaise grise, battue par les vents et les flots, un large trou se découpe. Une légende affirme que le Diable lui-même a créé cette excavation en donnant un furieux coup de talon sur la roche. Le Diable aurait parié avec saint Martin qu'il construirait un pont entre la côte et l'île d'Yeu, en une nuit, avant le chant du coq. Comme souvent dans ces légendes, le coq chanta plus tôt et le pont d'Yeu ne put être achevé, d'où la colère de Démon.

Allumage du feu.

Campement reconstitué.

Le Préhisto'site du CAIRN
Rue de la Courolle, 85440 Saint-Hilaire-la-Forêt
www.cairn-prehistoire.com, 02 51 33 38 38
Ouvert de juin à septembre
Tarif adulte : 6 € ; enfant : 5 €

La préhistoire comme si vous y étiez

Saint-Hilaire-la-Forêt est une des quatre communes composant le « Carnac vendéen » en raison de sa forte concentration de mégalithes. Le CAIRN y a donc naturellement trouvé un beau terrain de jeux. Le CAIRN est l'acronyme du Centre Archéologique d'Initiation et de Recherche sur le Néolithique. Le centre a créé un Préhisto'site, qui a fêté ses trente ans en 2020.

Le Préhisto'site se compose d'un musée et d'un parc. De nombreuses expérimentations sont possibles pour s'approprier les techniques néolithiques : polir soi-même une pierre pour la transformer en bijou, déplacer un menhir, dessiner au charbon… Le parc présente des reconstitutions d'habitat et de mégalithes. Le musée est lui aussi interactif et ludique : le visiteur peut manipuler les outils des hommes préhistoriques ou participer à une cérémonie funéraire dans un dolmen. Les reconstitutions, comme les ambiances visuelles et sonores, sont soignées. Le visiteur est véritablement plongé à l'époque des premiers hommes. ■

À VOIR AUSSI

Fontaine-lavoir de la Courolle
85440 Saint-Hilaire-la-Forêt

Le lavoir du XIXe siècle est formé d'un bassin quasi circulaire, ce qui est rare. Ce bassin est enserré par une galerie couverte en forme d'arc de cercle. L'eau de la fontaine qui l'alimente aurait des vertus miraculeuses. Une procession s'y rendait pour implorer la Vierge en cas de forte sécheresse.

À VOIR AUSSI

Campanile de la mairie
85520 Saint-Vincent-sur-Jard

L'ancienne mairie est devenue l'office de tourisme. Elle arbore un curieux campanile orné d'une horloge. C'est un ajout de Georges Clemenceau (1841-1929). L'homme politique résidait souvent à Saint-Vincent-sur-Jard où il se retira en 1921. Lorsque la commune voulut rénover la mairie, le Tigre offrit la pendule pour que « les habitants prennent l'habitude de regarder la mairie plutôt que l'église pour avoir l'heure ». Tout un symbole pour ce républicain convaincu.

À VOIR AUSSI

Le pont Eiffel
Rue de la Jouvence
85290 Saint-Laurent-sur-Sèvre

Une passerelle, réalisée par l'entreprise de Gustave Eiffel, permet de traverser la Sèvre, tout près de là. On reconnaît la construction en poutrelles métalliques, typique des ouvrages de l'ingénieur à la célèbre Tour.

Aqueduc
Rue du Guichet, 85290 Saint-Laurent-sur-Sèvre

Un aqueduc non romain

La Sèvre nantaise, à Saint-Laurent comme dans les communes alentour, est couverte de moulins : quinze sont installés sur le cours de la Sèvre dans la commune. Au cœur du bourg, près du moulin de la Sagesse (un moulin à farine construit au XIXe siècle pour la communauté des Sœurs de la Sagesse), un curieux aqueduc est érigé dans un

À droite : L'aqueduc de profil.

Ci-dessous : La conduite d'eau.

pré. L'édifice est réalisé en granit. Il a été construit au XIXe siècle, pour les religieuses également. Assez bas, au contraire des aqueducs antiques, c'est un canal posé sur des arches en anse de panier. Aujourd'hui, des contreforts de métal sont garants de son équilibre. Sa pente légère conduit l'eau depuis le moulin vers une guérite, au milieu du pré, qui faisait office de château d'eau ; deux réservoirs sont visibles un peu plus loin dans la prairie. Le but était d'irriguer le pré.

L'aqueduc se trouve sur le circuit balisé avec des bornes explicatives nommé « Sur les pas du Père de Montfort ». Quinze arrêts sont proposés pour découvrir l'histoire et le patrimoine local. ■

À SAVOIR

La ville sainte de la Vendée

Saint-Laurent-sur-Sèvre abrite le tombeau du bienheureux père Louis Grignon de Montfort (1673-1716). Ce prêtre missionnaire a créé deux congrégations : les Pères montfortains et, avec Marie-Louise Trichet, les Filles de la Sagesse. Le Pape Jean-Paul II est venu se recueillir sur sa tombe en 1996. La petite ville est un lieu de pèlerinage, mais aussi le siège des missions montfortaines et celui de la congrégation des Filles de la Sagesse. La commune compte de nombreux établissements d'enseignement religieux.

Chevalement du puits Saint-Michel
Épagne, 85120 Saint-Maurice-des-Noues

Comme un derrick dans les prés

Quand on passe sur la route qui relie Faymoreau à Vouvant, on est interpellé par la structure en béton qui se dresse au milieu des champs. C'est le chevalement du puits de mine Saint-Michel, à Épagne.

Après la découverte du charbon, une ordonnance royale autorise son exploitation en 1847 ; les mineurs exploitent alors des filons de surface. Le puits Saint-Michel est le plus important du lieu. Le charbon est vendu aux fours à chaux qui brûlent le calcaire, mais les infrastructures de transport manquent. La mine n'est guère rentable et la compagnie fait faillite en 1854. En 1860, l'exploitation est reprise par Léon Devillaine qui s'allie à Henri Bally, l'exploitant des mines voisines de Faymoreau.

Ci-dessus et à gauche :
Le chevalement en béton du puits Saint-Michel.

Un puits de 200 mètres est creusé. On y descend par des échelles. Puis un chevalement de bois est construit, avec une machinerie qui fait descendre les hommes et remonter les bennes de charbon. Le puits ne s'avère pas rentable ; il est abandonné et noyé en 1924.

Après la Seconde Guerre mondiale, le besoin en énergie se fait sentir et l'exploitation est relancée. C'est alors que le chevalement en béton armé est construit (1947). Sa succession de formes en V le rend assez élégant. Cependant, la structure n'a jamais servi : en 1949, on tente d'assécher le puits noyé vingt-cinq ans plus tôt pour reprendre son exploitation, mais la société manque d'argent et renonce finalement au projet. Il ne reste que le chevalement et les ruines du carreau de mine (qui regroupait la lampisterie, le magasin, le vestiaire avec sa salle des pendus et le bureau de l'ingénieur). Le village d'Épagne lui-même est un coron, bien que les maisons, toujours habitées, aient subi plusieurs transformations. Sur le site du chevalement, cinq panneaux explicatifs retracent l'histoire de cette mine. ■

Statue de Georges Clemenceau
85210 Sainte-Hermine

La ville du Tigre

La petite ville de Sainte-Hermine est marquée par l'empreinte de Georges Clemenceau (1841-1929). Surnommé le Tigre, puis le Père la Victoire, Georges Clemenceau a été deux fois président du Conseil (de 1906 à 1909 puis de 1917 à 1920). L'homme politique n'est pas né dans la commune mais à Mouilleron-en-Pareds, tout comme le maréchal Jean de Lattre de Tassigny (1889-1952). Leurs deux maisons natales s'y visitent, ainsi que le Musée des deux victoires. Cependant, c'est au château de l'Aubraie que Clemenceau a passé ses jeunes années, et il était très attaché à Sainte-Hermine. Il a lui-même choisi l'endroit où le monument à sa gloire serait disposé et l'a inauguré de son vivant en 1921. Le sculpteur François Sicard était un de ses amis. Le groupe monumental trône donc en plein centre-ville, au carrefour de la N 137 et de la D 948.

La statue représente Georges Clemenceau debout, le regard au loin, le visage grave sous son chapeau rond. Il inspecte le front. Derrière lui, dans la tranchée, un groupe de poilus, placés plus bas, lèvent les yeux vers lui, le chef qui va les guider. La statue met en valeur la fermeté et la force de conviction de ce républicain convaincu qui a soutenu les militaires durant la Première Guerre mondiale et négocié les conditions du Traité de Versailles. ■

À VOIR AUSSI

Cinéma Le Tigre
34 rue de l'Église
85210 Sainte-Hermine

Le cinéma de la commune est aussi dédié à Georges Clemenceau. Il a été construit en 1948 par les bénévoles de l'association d'Éducation populaire. Rénové en 2019, il continue à proposer des séances de cinéma. Il dispose du numérique et est labellisé art et essai.

Ci-contre : Monument en l'honneur de G. Clemenceau.

À gauche : Le monument, détail.

Temple protestant
25 Grande rue du Temple, 85210 Sainte-Hermine

Cimetière protestant
21 route de Guinefolle, 85210 Sainte-Hermine

La Vendée protestante

On associe la Vendée à la religion catholique, mais le protestantisme existe dans le département depuis le XVIe siècle. Au milieu du XVIIe siècle, on estime que la moitié de la noblesse est de religion réformée. Les guerres de religion n'ont pas épargné le département et des persécutions ont eu lieu après la révocation de l'Édit de Nantes en 1685. Le culte fut interdit de 1698 à 1787. Au XIXe siècle, il revint au grand jour.

Les protestants étaient nombreux dans les cantons de Sainte-Hermine, Chantonnay, Pouzauges, La Châtaigneraie ou à La Roche-sur-Yon. Sainte-Hermine a son temple en ville, reconstruit en 1825, après que le premier temple a été rasé au XVIIe siècle. On dénombre alors cent cinquante protestants. Le temple est un édifice simple, comme souvent. Sa porte est surmontée d'un fronton néoclassique, qui repose sur deux colonnes. C'est le seul temple de Vendée inscrit à l'inventaire des monuments historiques.

Un cimetière est aussi aménagé, mitoyen du cimetière catholique. C'est le maire protestant, Louis-Philippe David, qui fait don du terrain pour les deux cimetières en 1838. Il fait enclore la partie protestante et donne les deux parcelles à la commune en 1843. Il repose dans ce cimetière, dans un monument funéraire composé de trois tombes identiques : la sienne est placée entre celles de ses deux épouses successives. ■

À SAVOIR

Le musée régional d'histoire protestante
Le Bois-Tiffrais
85110 Monsireigne
www.bois-tiffrais.org
02 51 66 41 03
Ouvert en juillet-août de 14 h à 18 h, sauf le lundi, de Pâques à la Toussaint pour les groupes

Le musée, installé dans un château remanié au XIXe siècle, présente une riche collection de gravures, tableaux et livres qui retracent l'histoire du protestantisme en Vendée. L'ambiance des maisons de notables protestants au XIXe siècle est reconstituée dans quelques salles.

Ci-contre : Linteau de la porte du cimetière.

À droite : Temple protestant.

25

Statue de saint Michel

Saint-Michel-Mont-Mercure, 85700 Sèvremont

L'archange domine la Vendée

Ci-dessus : L'église et son haut clocher.

À droite : L'archange écrasant le dragon.

Le bourg de Saint-Michel-Mont-Mercure est le point culminant de la Vendée : il est perché sur une colline, à 290 mètres d'altitude. Il a d'abord été consacré au dieu gaulois Lug, puis au Mercure romain, et enfin à l'archange saint Michel, comme beaucoup de lieux élevés. L'endroit porte une église de la fin du XIXe siècle. La statue qui couronne le clocher, à 42 mètres de haut, se voit de très loin ; elle étincelle au soleil.

La statue représente l'archange debout, très droit, la tête courbée vers le dragon qu'il terrasse de la pointe de sa lance et qu'il foule aux pieds. Malgré sa taille, saint Michel garde élégance et légèreté par sa pose gracieuse. Le dragon symbolise bien entendu le Diable battu par le christianisme, le Mal vaincu par le Bien. C'est une copie de l'œuvre qui trône à Notre-Dame de Fourvière depuis la fin du XIXe siècle. Elle a été réalisée par la Maison Gaget-Pérignon et Compagnie de Paris, et mise en avant lors de l'exposition universelle de 1889. La statue de 8 mètres de haut a été mise en place le jour de la Saint-Michel, le 29 septembre 1897. Elle pèse plus d'une tonne et demie. L'archange lui-même mesure 4,40 mètres et ses ailes déployées sont longues de plus de 2 mètres.

Si on a le courage de grimper les 199 marches du clocher, on peut approcher la sculpture et voir les détails de la tête du monstre qui se tord sous les pieds de l'archange. Une vue panoramique s'offre alors sur le bocage. Pour les personnes sensibles au vertige, mieux vaut rester dans la nef où une réplique en bois, sculptée par un artiste local, permet de connaître les détails de la statue. La statue a été réparée une première fois en 1957, après une tempête. Elle a bien plus tard été descendue à l'aide d'une grue, redorée à l'or fin, puis réinstallée le 29 septembre 2013. ■

Cabanes de vignerons
Les Coudreaux, 85110 Sigournais

À VOIR AUSSI

Fours à chaux
Quartier des cinq fours
Rue de La Carrière
85110 Chantonnay

Dans un lotissement de Chantonnay, on est surpris de rencontrer trois gros fours à chaux désaffectés. Le site est entouré d'un grillage mais il se visite lors des Journées du Patrimoine, avec l'association « Le Réveil du patrimoine ». Cinq fours ont été construits à cet endroit en 1848 et ils ont fonctionné une cinquantaine d'années. Ils permettaient de brûler le calcaire extrait sur place, pour le transformer en chaux, utilisée comme amendement dans l'agriculture. Le combustible utilisé pour chauffer la pierre était la houille, extraite près des hameaux du Temple et de La Tabarière.

Des pierres à tout faire

Le village de Sigournais est installé sur une butte calcaire, on y a donc exploité la vigne depuis le Moyen Âge. Il reste peu de raisin aujourd'hui, mais ce passé est toujours visible dans le paysage avec plusieurs cabanes de vignerons. Les parcelles de vignes étaient pleines de cailloux, des pierres calcaires plates, d'assez petite taille. Les vignerons ont

donc ramassé les pierres au fil du temps. Ils les ont employées pour construire des murets, mais aussi des cabanes. Celles-ci sont un abri pour les outils ou un lieu de repos pour les hommes. Au départ du bourg, le sentier « Sigournais historique » vous mène à celle de Ponsay et à celles des Coudreaux.

Aux Coudreaux, on voit trois cabanes. La maisonnette Allard, la plus vaste, comprend deux pièces. Le trumeau de sa fenêtre est une pierre posée légèrement en biais pour servir de cadran solaire. La maisonnette Chabiron est moins visible. C'est une toute petite niche arrondie. Plus loin, au milieu d'une parcelle agricole, on voit de loin la maisonnette Souchet, adossée à un gros tas de pierres. Celle-ci est plus haute, on s'y tient debout. Un petit âtre permettait de se réchauffer et sans doute de cuire le repas de midi. ■

La maisonnette Souchet.

Sculptures de Gildas Raineau
La Bodinière, 85310 Le Tablier

Accueillis par le tigre

En descendant au site de Piquet, au bord de l'Yon, on est frappé par les personnages monumentaux mis en scène par Gildas Raineau devant son domicile de La Bodinière. L'artiste a sculpté des blocs de granit, ainsi que du marbre. Les sculptures sont joyeuses et colorées. Leurs formes, lisses et arrondies, sont douces. Un corps de femme enceinte voisine avec une famille de pingouins. L'artiste réalise aussi un temple : le Temple de l'Union. L'édifice allie maçonnerie, sculpture et ornementation peinte. Sous un ciel étoilé, une gueule de tigre largement ouverte, toutes dents dehors, est tournée vers les passants. Le portrait de Mandela, dans une niche, n'est pas loin d'un bas-relief représentant un dieu aztèque.

Gildas Raineau a toujours eu le goût de l'art. Il a commencé par la peinture, avant de se tourner vers la sculpture au moment de sa retraite. Touche-à-tout, il réalise des peintures à l'aquarelle, des dessins à l'encre, des fresques, des bas-reliefs, des sculptures sur bois ou métal, ainsi que sur pierre. Il participe à de nombreuses expositions et aime partager son savoir-faire. Les sculptures exposées à La Bodinière ont été commencées en 2013. ■

À gauche : Temple de l'Union.

Ci-dessous : Personnages sculptés.

À VOIR AUSSI

Observatoire
Les Bourbes
85310 Le Tablier
www.astrovendee.fr
02 51 37 34 10

Près du site de Piquet, deux étranges constructions dans un pré attirent l'œil. Ces cylindres habillés de bois sont couverts d'un dôme blanc. Il s'agit de l'observatoire du Centre Astronomique Vendéen. Le lieu est choisi pour la pureté de son ciel nocturne et sa position en hauteur qui permet une observation large. Des animations sont proposées au public pour contempler les étoiles. Un télescope de 400 mm est installé dans l'une des coupoles d'observation ; c'est le plus grand de Vendée.

Site de Piquet
85310 Le Tablier

Tumultueuse rivière

Ci-dessus : Rocher érodé par la rivière.

À droite : « Marmite de Gargantua » au premier plan.

Ci-dessous : Fenêtres de la filature.

Le site de Piquet, au pied du coteau, sur la rivière Yon, présente un chaos de blocs granitiques qui encombrent le lit de la rivière. L'Yon, jusque-là très tranquille, parcourt des gorges entre L'Aubonnière et Piquet. Brusquement, on se croirait au bord de la Sèvre nantaise, au nord du département. Des rochers arrondis par l'érosion, parfois même formés en boules, parsèment le lit de l'Yon. Profitant du fort courant, une filature s'est installée à Piquet en 1861. Elle a employé une cinquantaine d'ouvriers. Mais elle n'a fonctionné que quelques années. Une teinturerie faisait partie de l'ensemble. Les vestiges de cette activité sont bien visibles Aujourd'hui de hauts murs aux ouvertures sans fenêtres se dressent au bord de l'eau. La construction respecte les traditions des bâtiments industriels du XIXe siècle : les murs de pierre sont très rectilignes avec de grandes fenêtres en plein cintre, à l'encadrement de briques. Une gênoise est encore visible en haut des murs.

L'endroit est pittoresque. Il est classé en réserve de faune sauvage. La nature y est donc préservée. On peut avoir la chance d'y surprendre l'éclair bleu d'un martin-pêcheur filant au ras de l'eau ou d'observer des empreintes de blaireau et de loutre. La vue sur le site est belle depuis la terrasse de la guinguette mais le sentier permet également de descendre au plus près de la rivière pour admirer le travail de l'érosion. L'Yon a creusé « les marmites de Gargantua » dans le dur granit. Le sentier du Peuplier Blanc permet de découvrir le site et les traces des autres moulins qui jalonnaient la rivière. Sur une distance de 4 km, il est balisé de rouge.

Des ruines de moulins plus modestes que la filature sont aussi visibles le long de la rivière. ■

Traces de dinosaures fossilisées.

Traces de dinosaures
Plage du Veillon, 84440 Talmont-Saint-Hilaire

Jurassic Plage

La plage du Veillon est une belle anse de sable fin, tout près du site remarquable de l'embouchure du Veillon. En 1963, lors de relevés géologiques, Gilles Bessonnat y a découvert des milliers de traces laissées par les pattes des dinosaures 200 millions d'années avant notre ère. C'est la zone de France où il a été trouvé le plus d'empreintes de pattes des sauriens de l'ère secondaire. Différents animaux ont arpenté cette zone comme l'*eubrontes veillonensis,* qui mesurait 3 mètres de haut. Il a laissé des traces de 50 centimètres, se terminant par trois doigts griffus. Le *grallator* laissait pour sa part des empreintes de 4 centimètres environ, composées de trois doigts, dont un très long au milieu. Le *talmontopus tersi*, un herbivore semblable aux iguanodons, était présent aussi.

Il est assez difficile de les détecter aujourd'hui, même lors des marées basses de grand coefficient : beaucoup ont été prélevées par les paléontologues et les collectionneurs, ce qui est interdit aujourd'hui. Les empreintes ont été laissées dans les plaques de grès en pied de falaise, entre le parking et la plage de Port-Bourgenay. À défaut de les repérer, on peut admirer le feuilletage de la falaise, composé de plusieurs couches fossilisées. ■

À SAVOIR

Dino's park
63 avenue de la Faye
85270 Saint-Hilaire-de-Riez
www.dinos-park.com
02 51 60 18 57
Ouvort de mai à septembre
Tarif adulte : 13 € ; enfant (4-12 ans) : 8,50 €

Un parc d'attractions sur le thème des dinosaures permet de découvrir la vie de ces animaux de façon ludique. Dans un parc de 2 hectares, des dinosaures sont animés et des scènes préhistoriques sont reconstituées. On peut aussi pratiquer des fouilles, réaliser des peintures rupestres ou assister à une séance de cinéma 4D (attractions payantes en plus du prix d'entrée).

Jardin de William Christie
32 rue du Bâtiment, 85210 Thiré
www.jardindewilliamchristie.fr
Ouvert en juin, juillet et septembre, du mercredi au dimanche
Tarif : 5 € ; gratuit moins de 12 ans

Le jardin, un art florissant

Le musicien franco-américain William Christie, né en 1944, est chef et fondateur de l'ensemble baroque « Les Arts Florissants ». Installé en France depuis 1971, il a réalisé un magnifique jardin autour de son château du Bâtiment, acquis en 1985. L'époque baroque y est mise à l'honneur.

Le logis des XVIe et XVIIe siècles a été réhabilité avec soin. Il ouvre sur la cour d'honneur où se déploie un jardin à la française avec des broderies de buis. Devant l'autre façade, la terrasse avec ses topiaires offre une belle vue sur le miroir d'eau. Un cloître

Allée de tilleuls.

planté de rosiers prolonge la demeure et jouxte le théâtre de verdure. Celui-ci est sans doute l'élément le plus original du jardin ; il impressionne avec ses haies d'ifs taillées en des formes contournées qui évoquent la Chine. Le verger, lui, est très classique. Le potager en carrés est agrémenté par des rosiers et de nombreux dahlias. Un pigeonnier ancien a été remonté dans le jardin. Au-delà du jardin très maîtrisé, des prés où fleurissent les narcisses bordent la rivière avec leurs saules têtards. Autre élément insolite, un jardin américain est enchâssé au milieu de ces espaces typiquement français et une pinède, ou *boschetto*, rappelle l'Italie avec ses cyprès et ses pins parasols. Le jardin est donc à la fois une création rappelant la France baroque mais aussi un mélange d'influences, à l'image du musicien.

Le jardin est ouvert au public et sert d'écrin à des concerts de musique baroque en août : « Dans les jardins de William Christie ». Ces concerts ont lieu depuis 2012. Des ateliers de musique sont aussi organisés. William Christie a redonné vie à la musique baroque et tient à transmettre cet art. ■

Jardin clos et sa haie sculptée.

Château de Gilles de Rais
85130 Tiffauges
www.sitesculturels.vendee.fr, 02 51 67 00 00
Ouvert du 1er avril au 20 septembre
Adulte : 8 €, de 6 à 25 ans : 6 €

Le château de Barbe-Bleue

Tiffauges, comme Pouzauges, abrite l'un des châteaux de Gilles de Rais (1405?-1440). Ce compagnon de Jeanne d'Arc, fabuleusement riche, a été condamné pour alchimie, meurtres d'enfants et atteinte à la religion. Le seigneur à la légende noire aurait inspiré le conte de *Barbe-Bleue*. Son impressionnante forteresse de Tiffauges, perchée sur un éperon rocheux, comptait 18 tours. C'est l'un des plus grands châteaux de Vendée. Aujourd'hui assez ruinée, elle se mire dans un plan d'eau. Pendant la visite, un film en 3D donne à voir le château dans son état du XVe siècle et les étapes de sa construction. Des machines de construction sont montrées en fonctionnement, comme la grue à roue. Une curiosité est à nommer : l'étrange écho de la Tour du Vidame qui propage les sons chuchotés.

À droite, en haut : Tour d'assaut.

À droite, en bas : Animation dans la cour du château.

Ci-dessous : Trébuchet.

Le château est connu surtout pour son très riche conservatoire d'armes médiévales. C'est la plus grande collection d'Europe. On peut y admirer une tour d'assaut en bois et assister à des tirs de trébuchet ou de bricole. Seize machines de guerre sont présentées au public dans la cour, avec des démonstrations et des ateliers (tirs à l'arc ou à l'arbalète, joutes). Les démonstrations de tir ont lieu depuis 1992. Un des trébuchets présentés est le plus grand de France. Il lance des projectiles à plus de 150 mètres. L'armement du chevalier est aussi détaillé, ainsi que les stratégies de siège et les progrès techniques au cours du Moyen Âge. Les enfants peuvent également s'essayer à des jeux médiévaux comme les anneaux ou les palets. Des spectacles sont proposés, pour mettre en valeur l'art de la guerre au Moyen Âge et le personnage complexe de Gilles de Rais. ■

Les Jardins du Loriot
60 chemin de la Tour, La Mancelière, 85190 Venansault
https://www.jardinsduloriot.fr, 02 51 40 35 41
Ouvert de mai à octobre
Tarif adulte : 7,50 €, réduit : 6,50 € enfant : 4 €

L'Orient en plein Ouest de la France

Ces jardins de 5 hectares composent une oasis orientale en pleine Vendée. Monique et Jacques Chaplain ont réuni des plantes, des statues et des monuments asiatiques pour créer une ambiance zen très dépaysante. Au fil des espaces, on découvre une bambouseraie de 130 espèces (venant principalement d'Asie mais aussi d'Amérique et d'Afrique), un jardin sur l'eau avec des lotus et des nymphéas de 75 variétés différentes. Les créateurs des jardins sont attachés à l'authenticité : la pagode d'or et ses sculptures en teck proviennent directement de Birmanie. Des esprits birmans trônent dans de petits temples. Le dieu éléphant Ganesh est mis en scène dans le jardin de Bali. Le pont japonais, les stupas, les statues de Bouddha et les balises en forme de lotus, signalant les étapes de la visite, renforcent l'impression d'exotisme. Le jardin a même son dragon asiatique.

On y retrouve toutes les plantes emblématiques de l'Asie : les camélias, les rhododendrons et les azalées, les cerisiers et les pruniers, ainsi que les hydrangéas. Le jardin est donc fleuri toute l'année.

Des parcours ludiques sont proposés : le conte de la Princesse Lune, le jeu de la sorcière et de la Mandragore proposent des questions et des énigmes au fil de la promenade. Le circuit des Explorateurs en Chine est plutôt historique et sensoriel. Il fait découvrir les aventures de ces découvreurs de plantes qui ont fait la richesse de nos jardins.

Une exposition rappelle l'attachement de Georges Clemenceau à l'Asie tandis que les nymphéas évoquent l'amitié qui le liait à Claude Monet. ■

Ci-dessus : Le dieu Vishnou et sa monture Garuda.

À gauche, en haut : Les lotus en fleur.

À gauche, en bas : Statue de Bouddha.

À VOIR AUSSI

Bac à chaîne
Route d'Antigny
85120 Vouvant
Accès libre

En venise Verte, un étrange bateau sert parfois à traverser une rivière ou un canal : le bac à chaîne. Deux sont en Vendée : à Sainte-Christine et Vouvant. Ce bateau à fond plat est relié aux deux rives par une chaîne qu'on tire pour amener l'embarcation d'une rive à l'autre. Le bac de Vouvant se trouve sur un sentier de randonnée en bas des remparts, accessible par la route d'Antigny.

Tour Mélusine
Place du Bail, 85120 Vouvant
Visite d'avril à fin octobre. Adulte 2 €, enfant (7-12 ans) 1 €

Trois dornées de pierre et une goulée d'ève

La Tour Mélusine date de la fin du XIIe ou du début du XIIIe siècle. Elle fait partie de l'ancien château des seigneurs de Lusignan, lui-même intégré à l'enceinte fortifiée qui entoure le bourg. La tour mesure 45 mètres de haut. Sa forme circulaire est rare dans la région à une époque où on construisait plutôt des donjons carrés. Elle est composée de quatre niveaux plus une terrasse au sommet. L'accès principal était au premier étage. En cas d''attaque, on s'y réfugiait et on retirait l'échelle d'accès.

Construite à l'extrémité de l'éperon rocheux qui domine la rivière, la tour aurait été édifiée par la fée Mélusine en « trois dornées de pierres et une goulée d'ève ». Comprenez trois tabliers pleins de pierres et une gorgée d'eau. Mélusine est très populaire dans le Poitou depuis le Moyen Âge. Elle aurait épousé Raymondin, seigneur de Lusignan. Elle lui aurait donné des enfants et aurait bâti de nombreuses villes : Parthenay, Tiffauges, Mervent et Vouvant. Le seigneur aurait promis de ne jamais la regarder dans son bain mais aurait failli à sa promesse et découvert que sa femme avait une queue de serpent à la place de ses jambes. La fée aurait donc disparu à jamais. Sur la tour, la girouette en forme de femme-serpent rappelle la légende. ■

Ci-contre : Girouette à l'effigie de la fée.

À droite : Tour Mélusine sur son éperon.

Tour Mélusine.

Index alphabétique des curiosités

O

P

R

S

T

U

V

Index alphabétique des lieux cités

Crédits photographiques

Photos de l'auteur :
p. 12, p. 15, p. 16, p. 18-19, p. 20, p. 28, p. 33, p. 74-75, p. 78-79, p. 85, p. 87, p. 92 en bas, p. 93, p. 94-95, p.100 en haut, p. 105, p. 110-111, p. 112-113, p. 114-115, p. 120 en bas, p. 121, p. 125 en bas, p. 134.

Loïc Pavageau :
p 13, p. 21, p. 23, p. 24-25, p. 29, p. 34-35, p. 36-37, p. 38-39, p. 40-41, p. 42-43, p. 44-45, p. 46 en haut, p. 50-51, p. 52-53, p. 56-57, p. 58-59, p. 60-61, p. 62-63, p. 64-65, p. 66-67, p. 68, p. 69, p. 72-73, p. 76-77, p. 82-83, p. 88-89, p. 90, p. 99, p.102-103, p. 104, p. 119, p. 120 en haut, p. 122-123, p. 124, p. 125 en haut, p. 126-127, p. 128-129, p. 130-131, p. 132-133, p. 135, p. 136 en haut, p. 140, p. 144-145.

Wikimedia Commons :
p. 14 Liberliger, p. 22 en haut Liberliger, p. 22 en bas Maugis85, p. 54 en bas DC, p. 98 Jean-Pierre Dalbéra from Paris, France, p. 141 en haut GardienAncestral, p. 144 en bas Jibi44, p. 146-147 SeeSchloss.

Shutterstock :
p. 17 en haut RobArt photo, p. 17 en bas Demiansatur, p. 91 stephane morisseau, p. 92 en haut Altitude Drone, p. 116-117 Osvaldo Mussi, p. 136 en bas Thomas Pajot.

Atlantic Wakepark : p. 10-11.
Roland Oziel : p. 26-27.
@By the way prod : p. 30-31.
@Centre Minier : p. 46 en bas.
Carmelo Zagari-Faymoreau : p. 47.
Ville de Fontenay-le-Comte : p. 48-49.
Jean-Claude Guillard, observatoire de l'estran de l'ile de Noirmoutier : p. 54 en bas.
Philippe Wall CD79 : p. 71 en bas.
Clément Couturier : p. 71 en haut.
Mathieu Gobin : p. 81
Raphaël Toussaint catalogue raisonné-HB665 : p. 86.
Soufflerie Flydust : p. 96-97.
Musée du Blockhaus Hôpital : p. 100 en haut, p. 101.
Marie Pavageau : p. 106-107.
Didier Jamoneau, Musée des ustensiles de cuisine : p. 108-109.
Chantal Didier, Jardins du Loriot : p. 142-143.